ALTDEUTSCHE TEXTBIBLIOTHEK

Begründet von Hermann Paul
Fortgeführt von Georg Baesecke
Herausgegeben von Hugo Kuhn

Nr. 64

Marienlegenden
aus dem
Alten Passional

Herausgegeben von
Hans-Georg Richert

MAX NIEMEYER VERLAG TÜBINGEN 1965

INHALT

Wo in jüngster Zeit vom Alten Passional die Rede ist, da sind die Beurteiler mit ihrem Lob diesem umfänglichen Legendenwerk gegenüber nicht karg. Das ist nicht immer so gewesen, und noch die bisher ausführlichste Arbeit über das Denkmal, Gerhard Thieles »Untersuchungen zum Passional«[1] von 1936, gibt den gleichen Vorbehalten Ausdruck, die seit Jacob Grimms ablehnendem Urteil[2] immer wieder neben anerkennenden Stimmen in der Forschung laut wurden. Sollen Beispiele die Behauptung vom künstlerischen Rang, von der »achtunggebietenden Höhe«[3] dieser literarischen Leistung belegen, so verweist man neben anderem auf den anmutigen Zyklus[4] jener köstlichen[5], bezaubernden[6] Marienwunder am Ende des ersten Buchs, auf jene »Perlen mittelalterlicher Poesie, die zum Teil in dichterischen Bearbeitungen des 19. Jahrhunderts eine berechtigte Auferstehung gefunden haben«[7].

Angesichts dieser überraschend positiven Bewertung des Denkmals nimmt es wunder, daß seine Ausgaben[8] über hundert Jahre

---

[1] Das einzige Exemplar der maschinenschriftlichen Dissertation befindet sich als Depositum bei der Deutschen Akademie der Wissenschaften in Berlin, Institut für deutsche Sprache und Literatur, Abteilung Frühneuhochdeutsch. Es umfaßt 458 gezählte Blätter, von denen die Bll. 412–449 fehlen. Die in den Teildruck eingegangenen Abschnitte sind stark gerafft; seine 68 Seiten entsprechen den Bll. 30–169 der vollständigen Dissertation.

[2] ZfdA. 8 (1851), S. 544 f.

[3] Helm/Ziesemer S. 58.

[4] G. Eis, a.a.O. S. 70.

[5] Rosenfeld, a.a.O. S. 57.

[6] De Boor, a.a.O. S. 529.

[7] Helm/Ziesemer S. 54.

[8] Das Alte Passional, hrsg. von Karl August Hahn, Frankfurt a. M.

alt werden konnten, ohne eine Erneuerung zu erfahren. Die Notwendigkeit einer solchen wird niemand bestreiten wollen, zumal im Bereich der ersten beiden Bücher, wo Hahns unzulänglicher Handschriftenabdruck von Anfang an nicht mehr als einen schlechten Notbehelf bot. Ungleich besser steht es mit dem dritten Buch, für das Köpke, gestützt vor allem auf zwei hervorragende frühe Handschriften, einen gewiß nicht fehlerfreien, im ganzen aber doch recht verläßlichen Text schuf.

Eine der Lücken, die Hahns Abdruck offengelassen hatte, wollte Franz Pfeiffer mit seiner Edition der Marienlegenden schließen, indem er außer den fünf in der Heidelberger Handschrift cpg 352 enthaltenen weitere zwanzig Legenden samt einer »Nachrede«[9] veröffentlichte, die er vollzählig in der Wiener

1845. Dazu ergänzend: C. Kläden, Zur Berliner Passionalhandschrift, von der Hagens Germania VII (1846), S. 249–272. – Marienlegenden (anonym, von Franz Pfeiffer), Stuttgart 1846. Zweite Auflage: Marienlegenden. Dichtungen des dreizehnten Jahrhunderts. Neue Ausgabe, hrsg. von Franz Pfeiffer, Wien 1863. – Gesammtabenteuer, hrsg. von Friedrich Heinrich von der Hagen, Dritter Band, Nr. LXXIV–LXXXVI; LXXXVIII, Stuttgart und Tübingen 1850. – Das Passional. Eine Legendensammlung des dreizehnten Jahrhunderts, hrsg. von Fr. Karl Köpke, Quedlinburg und Leipzig 1852. – Von weiteren Abdrucken einzelner Abschnitte – etwa einzelner Marienlegenden – darf hier abgesehen werden.

[9] Die Bezeichnung »Nachrede« für die rund achtzig Verse, die zwischen Nr. XXV und dem Marienlob stehen, ist irreführend, weil sie leicht in dem Sinne verstanden werden kann, daß es sich dabei um ein zusammenfassendes Nachwort zu dem vorangegangenen Legendenkranz handelt. Das aber ist nicht der Fall; vielmehr nimmt dieser Abschnitt ein Thema auf, das in zehn der Legenden angerührt worden ist: die Demonstration der Kraft, die einem eifrig gebeteten Ave Maria innewohnt. Wie diese Gruppe von Legenden – es handelt sich um die Nrr. VI, VII, IX, X, XI, XIV, XV, XXI, XXII, XXV – der um 1300 durchaus aktuellen Propagierung des Mariengrußes dient, so ist der genannte Abschnitt eine Paränese, die »in Prosa« dasselbe ausdrücken will, was die angegebenen Stücke in die Form des Exemplums kleiden.

VIII

Handschrift Cod. 2694 fand [10]. In seiner Einleitung unterzieht
Pfeiffer die Ausgabe Hahns einer harten, jedoch keineswegs un-
gerechten Kritik. Aber auch Pfeiffer selbst hat mit dem von ihm
benutzten Material keine gute Arbeit geleistet: der Text enthält
eine beträchtliche Anzahl teilweise schwerwiegender Fehler; Kon-
jekturen des Herausgebers, die hier und da durchaus gut sind und
in einzelnen Fällen in den von ihm übergangenen Handschriften
eine Stütze finden, sind als solche vielfach nicht zu erkennen, und
vollends ist der stark willkürlich zusammengestellte Apparat
derart fehlerhaft und unzuverlässig, daß selbst die äußere Not-
lage Pfeiffers [11], die ihn zu einem schnellen Abschluß seiner Ar-
beit gedrängt haben mag, als Entschuldigungsgrund kaum mehr
genügt. Ein weiterer Vorwurf muß ihm schließlich daraus er-
wachsen, daß er auch für die zweite Ausgabe (1863) die wertvolle
Berliner Handschrift Ms. germ. fol. 778 nicht herangezogen hat,
von deren Vorhandensein er bereits 1846 wußte, von deren Güte
er sich im gleichen Jahr durch Klädens Abdruck einzelner Teile
daraus in von der Hagens Germania VII (1846) und einige Jahre
später durch von der Hagens Mitteilungen im Gesammtabenteuer
hätte überzeugen können. Gleiches gilt für den Nikolsburger Co-
dex, nur macht sich in diesem Falle die Unterlassung des Heraus-
gebers empfindlicher bemerkbar, weil man bei dem ungewissen
Schicksal der Handschrift mit der Möglichkeit rechnen muß, daß
diese Lücke dadurch für immer offen bleiben wird. Für eine Neu-
ausgabe der Marienlegenden konnte deshalb Pfeiffers Edition,

[10] Die Zahl der Marienlegenden im Passional beschränkt sich übrigens
  nicht auf diese 25 Stücke, weshalb der Ausdruck »die Marienlegen-
  den« im Hinblick auf sie nicht ganz korrekt ist. Mindestens sieben
  weitere Abschnitte des zweiten und dritten Buchs mit zusammen über
  tausend Versen lassen sich noch zu unseren Legenden stellen (Hahn
  197,24–199,23; 360,43–362,94; Kläden S. 252–257; Köpke 57,
  47–58, 52; 316,1–317,70; 365,11–367,14; 386,73–387,90).
[11] Franz Pfeiffer. Eine Biographie von Karl Bartsch, in: Briefwechsel
  zwischen Joseph Freiherrn von Laßberg und Ludwig Uhland, hrsg.
  von Franz Pfeiffer, Wien 1870, S. XLI.

trotz manchen Verdiensts, das niemand ihr absprechen wird, keine Grundlage bilden; auf eine Auseinandersetzung mit ihr ist darum verzichtet worden.

Von der Hagen hat in den dritten Band des Gesammtabenteuers nicht weniger als vierzehn der fünfundzwanzig Legenden aufgenommen[12]. Die starke Berücksichtigung seiner eigenen Handschrift (Berlin 778) kommt seinem Text deutlich zugute, wenn er sich auch offenbar nicht völlig über die Qualität dieses Codex im klaren war und deshalb ein wenig wahllos, wie es scheint, den Angeboten aller übrigen Handschriften in seinem Text Raum gab. Der Apparat ist wesentlich genauer und zuverlässiger als bei Pfeiffer, wie überhaupt seine Beschäftigung mit dem Gegenstand weitaus größere Gründlichkeit verrät.

Gerhard Thiele hat in seiner Dissertation die Handschriften des Passionals zusammengestellt und damit eine nützliche, wenn auch keineswegs vollständige und vor allem nach 1945 korrekturbedürftige Übersicht über den Handschriftenbestand geliefert. Für den Bereich der Marienlegenden haben wir mit der folgenden Überlieferung zu rechnen[13]:

> *I* = Ehemalige Preußische Staatsbibliothek Berlin Ms. germ. fol. 778 (z. Z. Universitätsbibliothek Tübingen), Pergament, Wende 13./14. Jh. Dieser Codex stellt die Haupthandschrift der vorliegenden Ausgabe dar. Eine ausführliche gedruckte Beschreibung fehlt bisher[14]; ich teile deswegen an dieser Stelle die wichtigsten Daten über ihn mit:

[12] Es handelt sich um die Mll. IV, V, VII, VIII, X, XIV–XVII, XIX, XX, XXII–XXIV.

[13] Die bei Pfeiffer erscheinenden Siglen habe ich beibehalten, die hinzugekommenen Handschriften und Fragmente neu bezeichnet. Eine grundsätzliche Umbenennung, die der stemmatischen Anordnung der Handschriften besser Rechnung trägt, mag einer Passionalausgabe vorbehalten bleiben.

[14] In meinen »Studien zum Passional. Die Marienlegenden«, Diss. masch. Hamburg 1960, S. 158–169 habe ich die Handschrift eingehend beschrieben; Hinweise auf weitere Literatur finden sich dort.

X

Der Einband besteht aus zwei lederbezogenen, leicht be-
schädigten Holzdeckeln ohne jede Verzierung, die durch
eine Lederschließe (ursprünglich zwei) zusammengehalten
werden. Der Rücken ist in jüngerer Zeit mit dünnem Leder
neu bezogen worden. Auf der Innenseite des Vorderdeckels
eine zweizeilige lateinische Schrift [15]: *Summe trinitati sim-
plici deo una divinitas patris ac nati pariterque spiritus
sancti quem iesus s..dit suis famulis.* Die Hs. enthält in
31 vollständigen Quaternionen 248 Bll. mit dem Durch-
schnittsformat 257×188 mm; ihr helles, glattes Pergament
zeigt verhältnismäßig wenig Beschädigungen. Neben einer
alten Lagenzählung findet sich eine jüngere durchlaufende
Blattzählung. Die Bll. sind durchweg zweispaltig beschrie-
ben, der Schriftspiegel mißt 192×117 mm. Die einzelne
Kolumne ist auf 42 Zeilen angelegt, die Verse sind ab-
gesetzt.
Außer einer mäßigen Rubrizierung weist die Hs. keinerlei
Schmuck auf: schwarzrote und rote Initialen am Anfang
von Haupt- bzw. Unterabschnitten; rote Überschriften auf
jenen Bll., auf denen ein Hauptabschnitt beginnt.
Die ganze Hs. ist von éinem Schreiber in einer sauberen,
gleichmäßigen Textura sehr sorgfältig geschrieben; Rasuren
und Verbesserungen sind selten. Die Mundart des Schrei-
bers ist ostmitteldeutsch. Spuren einer durchgehenden Kor-
rektur fehlen. Gestützt auf Schriftcharakter und Lautstand,
wird man als Entstehungszeit der Hs. »um 1300« ansetzen
dürfen.
Die Hs. enthält die Bücher I und II des Passionals mit den
in der Heidelberger Hs. fehlenden Marienlegenden samt
»Nachrede« und sechs weitere Jakobuslegenden. Anstelle
der Magdalenenlegende Hahn 389,67 ff. finden sich hier
drei Legenden. Im einzelnen verteilt sich der Inhalt in
folgender Weise auf die 248 Bll.:

[15] Die zahlreichen Kürzel sind aufgelöst.

XI

1$^{va\,16}$, 1 – 81va, 26   = Hahn 1, 1 – 145, 11
81va, 27 – 108va, 15 = Mll. VI – XXV samt Paränese.
Daran anschließend 108va, 16–18:

> *Nv horet vnverdrozzen*
> *nach einvaldegen worten min*
> *daz lob der grozen kvnegin*

108va, 19 – 153ra, 32 = Hahn 145, 12 – 226, 76
153ra, 33 – 156rb, 13 = Kläden 252 – 268
156rb, 14 – 247rb, 6 = Hahn 226, 77 – 389, 66
247rb, 7 – 247vb, 30 = Kläden 269 – 272
247vb, 31 – 248vb, 8 = Hahn 390, 28 – 391, 78

Die Hs. stammt aus dem Besitz von der Hagens. 1856 wurde sie von der Königlichen Bibliothek Berlin erworben. Zur Zeit befindet sie sich in der Universitätsbibliothek Tübingen, Depot der ehemaligen Preußischen Staatsbibliothek.

A = Österreichische Nationalbibliothek Wien Cod. 2694, Pergament, frühes 14. Jh. Pass.-Hs. der Bücher I und II, und zwar mit etlichen Zusätzen gegenüber *H*. Enthält auf den Bll. 46ra – 75rb sämtliche Mll. samt »Nachrede«. (Auf *A* vor allem stützte sich Pfeiffers Ausgabe.)

H = Universitätsbibliothek Heidelberg cpg 352, Pergament, 1. Hälfte des 14. Jhs. Pass.-Hs. der Bücher I und II (vgl. Hahns Abdruck). Enthält auf den Bll. 92ra – 98rb die Mll. I–V.

B = Universitätsbibliothek Heidelberg cpg 341, Pergament, frühes 14. Jh. Enthält auf den Bll. 34ra – 61ra die Mll. mit Ausnahme der Nrr. XXI und XXV.

C = Metropolitanbibliothek Kálocsa Cod. 1, Pergament, frühes 14. Jh. Enthält auf den Bll. 50rb – 77rb die Mll. mit Ausnahme der Nrr. XXI und XXV.

Dieser Codex muß als verschollen gelten; nach einer brief-

---

[16] Bl. 1^r enthält nur einige Schriftproben.

XII

lichen Auskunft des ungarischen Volksbildungsministe-
riums in Budapest vom 15. 9. 1956 ist »über den Verbleib
der fraglichen Handschrift ... derzeit nichts Näheres« be-
kannt.
Das Germanische Seminar in Hamburg besitzt von diesem
Codex eine Abschrift, die Otto Lippstreu zu Beginn des
Jahrhunderts hat anfertigen lassen. Sie hat – das darf ohne
Übertreibung behauptet werden – nahezu Handschriften-
wert. Die Sorgfalt, mit der die sehr umfängliche Arbeit
ausgeführt wurde, läßt sich an den Lesarten der Heidel-
berger Handschrift cpg 341 und der Wiener Handschrift
Cod. 2677 überprüfen, die jeweils auf der unteren Hälfte
jedes Blattes verzeichnet sind: in ganz seltenen Fällen nur
stößt man auf eine geringfügige Abweichung von den
Originalen.
Ich habe diese Abschrift benutzt und die ihr entnommenen
Varianten unter der Sigle C mitgeteilt.

D = Österreichische Nationalbibliothek Wien Cod. 2677, Per-
gament, frühes 14. Jh. Enthält auf den Bll. 1ra–26va die
Mll. mit Ausnahme der Nrr. XXI und XXV[17].

E = Österreichische Nationalbibliothek Wien Cod. 2779, Per-
gament, 14. Jh. Enthält als 4. und 5. Stück auf den Bll.

---

[17] Von Hoffmann (Verz. d. altdt. Hss. der kk. Hofbibliothek Wien,
Leipzig 1841, S. 81) über Pfeiffer (S. XVII) und von der Hagen
(Bd. III, S. 675) bis zu Menhardt (Verz. d. altdt. lit. Hss. der öster-
reichischen Nat.-Bibl., Bd. I, Berlin 1960, S. 89) behauptet sich die
(falsche) Angabe, daß auch Nr. VII in dieser Handschrift fehle; sie
ist dadurch zu erklären, daß die Überschrift vor dieser Legende fehlt
und nur ein kleiner, für den Rubrikator bestimmter Randvermerk
auf den Beginn eines neuen Stückes verweist. Pfeiffer ist sich, ent-
gegen seiner erwähnten Angabe, dieses Umstands auch bewußt ge-
wesen, denn er teilt – wie auch von der Hagen – zur Nr. VII die
Lesarten aus D mit. Menhardt gibt S. 90, 6 zwar den Anfang von
Nr. VI, den Schluß aber von Nr. VII an; seine Zählung der weite-
ren Stücke dieser Handschrift ist deswegen um eins zu niedrig.

1va–2ra die Mll. V und XV, als 14. bis 16. Stück auf
Bl. 90rb – 90^{vc} die Mll. IV, XVI und XVII.

M = Bibliothek des Benediktinerstifts Melk Cod. R 18, Pergament, 14. Jh. Enthält als 44. und 45. Stück auf S. 235–266
die Mll. XXIV und X.

m_1 = Universitätsbibliothek München Cod. ms. quart. 480, Papier, 15. Jh. Enthält auf den Bll. 337^v – 367^r die Mll. III,
X, VIII und XXII. Die gleiche Legendenauswahl findet
sich in der Schwesterhandschrift

m_2 = Universitätsbibliothek München Cod. ms. quart. 481, Papier, 15. Jh., und zwar auf den Bll. 298^r – 327^r [18].

Drei verschollene Handschriften seien an dieser Stelle mit angeführt:

F = Stiftsbibliothek Klosterneuburg Cod. 1244, Pergament,
14. Jh. Enthielt die Mll. VIII und IX, dazu abweichende
Fassungen einiger weiterer Mll.
Nach einer brieflichen Auskunft der Stiftsbibliothek vom
15. 4. 1959 lassen sich »keinerlei Hinweise über den letzten Benützer dieser Handschrift oder über die Art und
Weise sowie den Zeitpunkt des Verlustes eruieren«. Eine
präzisere Mitteilung aus Klosterneuburg führt Dobner in
seiner Dissertation von 1927 an, nach der die Handschrift
»in Verlust geraten, wie noch manche andere deutsche
Handschrift des Stiftes, welche der Germanist Franz Pfeiffer benützt und entlehnt hat… Nach dem Tode Pfeiffers
scheinen seine Bücher verkauft oder versteigert worden zu
sein« (a.a.O. S. 2 f. Anm. 6).

N = Ehemals Fürstlich Dietrichsteinische Bibliothek Nikolsburg
Cod. 127, Pergament, um 1350. Pass.-Hs. der Bücher I
und II. Enthielt offenbar sämtliche Mll.
Herr Taeuber, Antiquariat Gilhofer, Wien, teilte mir den
Namen des Käufers mit, der diese Handschrift nach der

---

[18] Zu diesen beiden Handschriften s. Hanns Fischer und Hans Fromm,
Beitr. (Tübingen) 84 (1962), S. 433 ff.

XIV

Auflösung der Dietrichsteinischen Bibliothek erworben hat. Eine entsprechende Anfrage bei diesem wurde negativ beantwortet.

a = Ehemalige Herzogliche Bibliothek Meiningen Cod. 66, Papier, Mitte 15. Jh. Pass.-Hs. der Bücher I und II. Enthielt auf den Bll. 216[v] – 316[v] sämtliche Mll. samt »Nachrede«. Auf die Nachrede folgte eine weitere Marienlegende von 912 Versen (316[v] – 334[v]), die Thiele in einem verlorengegangenen Anhang seiner Dissertation mitteilte. Diese Legende ist in keiner anderen Passionalhandschrift enthalten; ihre Anordnung zwischen Nachrede und Marienlob legt die Vermutung nahe, daß es sich bei ihr um einen nicht ursprünglichen Einschub handelt.
Die Kreisbibliothek Meiningen teilte auf Anfrage am 4. 2. 1959 mit, daß die Bestände der Herzoglichen Bibliothek »im Gefolge des zweiten Weltkrieges verlagert… und nicht mehr erreichbar« sind.

Über umfängliche Fragmente einer Königsberger Passionalhandschrift aus der 2. Hälfte des 14. Jhs. hat Friedrich Ranke 1929 berichtet[19]; die – ursprünglich vollzähligen – Marienlegenden waren großenteils bewahrt[20]. Über das Schicksal dieser Fragmente bzw. der Folianten, in denen einzelne der erhaltenen Blätter noch hafteten, ist mir nichts bekannt. Sollten sie sich einmal endgültig als verschollen erweisen, so wird man sich, wenn auch ungern, damit trösten müssen, daß nach Rankes Mitteilung »die Hs. für die Textherstellung des Passionals von geringem Wert zu sein« schien (a.a.O. S. 304).

[19] Friedrich Ranke, Eine neue Handschrift des gereimten Passionals, in: Königsberger Beiträge, Königsberg 1929, S. 301 ff.

[20] Es fehlten vor allem die Partien X, 82 bis XIII, 18 und XXIV, 96 bis XXV, 568; weiterer Textverlust war u. a. dadurch bedingt, daß einzelne Blätter einseitig noch auf Holzdeckeln von Folianten aus dem 16. Jh. klebten, weil ihre Ablösung die Schrift wohl völlig hätte verschwinden lassen (vgl. a.a.O. S. 302). Darüber hinaus waren auch die abgelösten Bll. teilweise stark zerstört oder schlecht erhalten.

XV

Das Verhältnis der genannten Handschriften *IAHBCDEM*-
m₁m₂ zueinander läßt sich in folgender Weise bestimmen:

I, die mit eindeutigem Abstand beste Handschrift im Bereich
der Bücher I und II, steht für sich und repräsentiert allen übrigen
Hss. gegenüber einen gesonderten Zweig; nicht frei von Fehlern,
steht sie dem Archetypus deutlich näher als jede andere mir be-
kannte Pass.-Hs.

Unter den übrigen Hss. lassen sich zwei Gruppen erkennen.
Die eine wird von *AH* (bzw. von Nr. VI an von *A*) gebildet; sie
ist über einen Hyparchetypus mit der zweiten Gruppe *BCD* ver-
bunden, steht aber dem Archetypus wesentlich näher als diese.
Nicht selten gehen *I* und *AH* einerseits gegen *BCD* anderseits.
Die seltenere Kombination *I* + *BCD* gegen *AH* weist in der Regel
auf Sonderfehler in *AH* hin.

Innerhalb der oft erörterten Gruppierung *BCD*[21] gehören *BC*
enger zueinander, weisen sogar eine Anzahl gemeinsamer Son-
derfehler auf. Einige Fälle, in denen *B* gegen *CD* mit *AH* oder
gar *IAH* zusammengeht, legen die Annahme nahe, daß es sich
bei *B* um eine Mischhandschrift handelt.

Die beiden Hss. *E* und *M* stehen zwischen den genannten Grup-
pen, teilen also einerseits die Eigenarten von *BCD* gegenüber den
übrigen Hss., stehen anderseits aber mit *IAH* (bzw. *IA* oder *AH*
oder *A*) fehlerhaftem *BCD* gegenüber. Einige Übereinstimmun-
gen von *E* mit *I* gegen *AH* + *BCD* zeigen, daß *E* nach einer guten
Vorlage gearbeitet ist.

Die beiden Hss. *m₁* und *m₂* lassen sich in der Gruppe *BCD* an-
siedeln, gehören innerhalb derselben enger zu *BC* und stehen in
dieser Untergruppe wiederum näher bei *B* als bei *C*. Welcher Art
allerdings diese Verwandtschaft ist, läßt sich kaum genau bestim-
men; eine direkte Abhängigkeit besteht nicht. Die zahlreichen

---

[21] S. u. a. Zwierzina, Festschrift für Jellinek, Wien und Leipzig 1928,
S. 209–232, der in seine Untersuchung auch Teile der Marienlegenden
miteinbezieht. Sein Ergebnis ist – zumindest für den Bereich der
Marienlegenden – unrichtig.

XVI

Sonderfehler und Entstellungen dieser beiden jungen Hss. erübrigen ihre Berücksichtigung bei der Textherstellung.

Außer diesen Handschriften ist eine Reihe von Fragmenten bekannt, die zwischen fünfzig und mehr als 1200 Versen aus den Marienlegenden überliefern; in einzelnen Fällen lassen sie den Rückschluß auf Passionalhandschriften vorzüglicher Qualität zu. Die Versuchung, einige dieser Fragmente im Apparat in Erscheinung treten zu lassen, war groß, zumal bei den Stockholmer Bruchstücken, die in einigen Fällen eine Entscheidung zwischen den unterschiedlichen Lesarten der beiden genannten Zweige ermöglichen. Dennoch mußte darauf verzichtet werden, um den Apparat durch die Sonderfehler auch der wertvollen Fragmente nicht noch mehr zu befrachten. Eine gewisse Erleichterung dieses Entschlusses resultiert aus der Tatsache, daß, soweit ich sehe, selbst die besseren dieser Fragmente – *St, Be, W₂* – an keiner Stelle Lesarten bieten, die über die von *I* gezogene qualitative Grenze hinausgingen. Daß die Fragmente bei der Herstellung des Textes dennoch im Auge behalten wurden, bedarf keiner besonderen Betonung.

Be = Ehemalige Preußische Staatsbibliothek Berlin Ms. germ. fol. 737, 34 und 35 (z. Z. Universitätsbibliothek Tübingen). Zwei sich ergänzende Querstreifen eines Doppelblatts aus einer sehr guten Pergamenthandschrift des frühen 14. Jhs., die offenbar eine Anthologie der ersten beiden Passionalbücher enthielt. Erhalten sind außer kleinen hundert Versen aus Nr. XXV (zw. V. 325 und V. 474) knappe Teile des Abschnitts über Maria Magdalena (Hahn 371, 73 bis 372, 7; 373, 4–32).

Da = Hessische Landes- und Hochschulbibliothek Darmstadt Hs. 3161. Vier winzige Streifen einer Pergamenthandschrift aus der ersten Hälfte des 14. Jhs. Sie enthalten, teilweise unvollständig, die Verse II, 124–141; 145–153; III, 171–188; 191–200; außerdem zwei Teile aus dem Abschnitt über Andreas (Hahn 204, 43–71; 207, 51–79).

XVII

Me = Bibliothek des Benediktinerstifts Melk. Acht Blätter einer Passionalhandschrift der Bücher I und II, Pergament, 14. Jh. Eins der Blätter enthält die Verse Ml. XXV, 67 bis 210 [22].

Pr = Universitätsbibliothek Prag Bruchstück 13. Zwei Querstreifen eines Doppelblatts aus einer um 1300 entstandenen Pergamenthandschrift, die wahrscheinlich eine ähnliche Anthologie enthielt wie die Hss. *BCD*. Erhalten sind, teilweise unvollständig, die Verse VI, 65–71; 87–98; VII, 1; 18–30; 46–59; 75–81; XIII, 80–86; XIV, 11–23; 42–52; 71–82; 98–104 [23].

St = Königliche Bibliothek Stockholm V. u. 85:7. Fünf Doppelblätter einer Übertragung der ersten beiden Passionalbücher ins Niederdeutsche, die insgesamt etwa 2500 Verse der Bücher I und II überliefern. Pergament, erste Hälfte des 14. Jhs. Aus den Mll. finden sich darin die folgenden Teile: I, 87–III, 8; IX, 79–X, 170; XIII, 1–78; XX, 43 bis XXI, 28; XXII, 347–XXIII, 144; XXV, 241–512.
Ein weiteres Doppelblatt derselben Handschrift, das sich im Kammerarchiv zu Stockholm befand, ist verschollen. Sein Inhalt: Hahn 126, 96–131, 15; Ml. XXI, 29–286 [24].

W$_1$ = Österreichische Nationalbibliothek Wien Ser. nova 263. Ein Blatt einer Pergamenthandschrift des 14. Jhs., vermutlich einer umfänglicheren, recht sorgfältigen Passionalhandschrift. Enthält Mll. XI, 96–XII, 87 [25].

---

[22] S. Joseph Haupt, SB Wien 69 (1871), S. 142. Dieses Fragment ist mir nicht zugänglich gewesen; nach Auskunft des Herrn Stiftsbibliothekars ist es »derzeit nicht auffindbar und [muß] eventuell als verschollen gelten«.

[23] Diese Fragmente sind abgedruckt und behandelt bei Alois Bernt, Altdeutsche Findlinge aus Böhmen. Brünn, München, Wien 1943.

[24] Zu diesen Fragmenten s. Richert, Festgabe für Ulrich Pretzel, Berlin 1963, S. 55 ff.

[25] S. Haupt, a.a.O.

W_2 = Österreichische Nationalbibliothek Wien Cod. 15485. Zwei unzusammenhängende Doppelblätter aus einer ebenfalls vermutlich umfangreicheren, guten Passionalhandschrift. Pergament, 14. Jh. Sie enthalten Mll. I, 1–III, 42; IX, 44 bis XII, 58 [26].

Als interessantestes dieser Fragmente darf wohl *St* gelten, dessen Vorlage dem Archetypus deutlich näher stand als die Gruppe *AH*; in etlichen Fällen steht *St* mit *I* zusammen den übrigen Handschriften seines eigenen Zweiges gegenüber. Ähnliches ließe sich vermutlich von *Be* sagen, doch kommt man bei dem geringen Umfang des Fragments über die Lokalisierung »zwischen *I* und *A*« nicht hinaus. Interessant ist *Be* im übrigen auch darin, daß es *I* rein äußerlich gesehen sehr nahe steht: Dialekt, Orthographie, Schrift und Anlage stimmen weitgehend überein. W_2 scheint sich gegen *I* einerseits, *BCD* anderseits der Gruppe *AH* zuordnen zu lassen und steht wohl *A* besonders nahe, mit dem es sich qualitativ durchaus messen kann; eine direkte Abhängigkeit indessen kommt wegen der zahlreichen Sonderfehler beider Handschriften nicht in Betracht. Eine ähnliche Position ließe sich für *Da* erwägen, aber das allzu schmal bemessene Material macht eine verbindliche Aussage unmöglich. *Pr* nimmt eine Stellung zwischen *A* und *BCD* ein, geht mit der letzteren Gruppe in einigen gewichtigen Besonderheiten zusammen. W_1 endlich teilt etliche Eigenarten der Gruppe *BCD*, steht innerhalb dieser einerseits *B* besonders nahe, verrät anderseits aber der gesamten Gruppe gegenüber die größere Nähe zum Archetypus.

Eine im ganzen gesehen verläßliche Grundlage für einen kritischen Text der Marienlegenden – wie der Passionalbücher I und II überhaupt – sind die Handschriften *IAH*, bzw. von Nr. VI an *IA*. Die übrigen Handschriften ermöglichen teilweise eine wünschenswerte Überprüfung, – der Consensus zwischen *I* und *BCD(EM)* spricht in der Regel für einen Fehler in *AH*, bzw. *A*. Unterschiedliche Lesarten in *I* einerseits, *AHBCDEM* ander-

<hr>

[26] S. Haupt, a.a.O.

XIX

seits haben grundsätzlich gleiches Gewicht; in vielen dieser Fälle wird sich eine Entscheidung zwischen den beiden Angeboten aus inneren Gründen ohne weiteres herbeiführen lassen: 150 000 Verse desselben Verfassers liefern ein Material, das man zumeist nicht vergeblich auf Parallelen hin befragt. Dennoch sind es nicht wenige Fälle, in denen sich eine Entscheidung bei dieser Lesartenverteilung durchaus nicht treffen läßt: hier habe ich mich für das Angebot in *I* entschieden, und es ist keine blinde Liebe zu dieser schönen, mit feiner Sorgfalt gearbeiteten Handschrift, die einer solchen Maßnahme zu Grunde liegt. *I* hat seine größere Nähe zum Archetypus in so zahlreichen Fällen unter Beweis gestellt, daß dieses Vertrauen wohl gerechtfertigt ist und eine solche Entscheidung deswegen unbedingt das geringere Risiko birgt.

Auch bei der sprachlichen und graphischen Gestaltung des Textes hat *I* als Grundlage gedient, was durch folgenden Sachverhalt nahegelegt wurde: aus einer nicht geringen Anzahl von Handschriften und Fragmenten zum Passional und zum Väterbuch, die wohl sämtlich ins frühe 14. Jh. zurückreichen und somit der ältesten Überlieferungsschicht der Denkmäler angehören, tritt dem Leser eine klare und weithin konsequent gehandhabte Schreibsprache entgegen, deren auffällige Gleichmäßigkeit sich auch auf den orthographischen Bereich erstreckt[27]. Es scheint nicht abwegig, hier von einer ganz planmäßigen Regelung der Manuskriptanfertigung zu sprechen, die dem von Alois Bernt für den böhmischen Raum zusammengestellten Material[28] gegenüber ein-

[27] Neben der Berliner Hs. ließen sich als Beispiele anführen die erwähnten Fragmente *Be* und W_1, die Königsberger Hs. des 3. Buchs, soweit ihre Eigenart in der Ausgabe Köpkes noch erkennbar ist; daneben gerade Fragmente zum dritten Buch wie etwa Upsala Fragm. germ. 8 oder das jüngst veröffentlichte Leningrader Fragment (Beitr. 84, Halle 1962, S. 236 ff.). Vom Väterbuch wäre besonders die Hildesheimer Hs. heranzuziehen (vgl. Abdruck DTM XXII, Vv. 30605–39348).

[28] Alois Bernt, Die Entstehung unserer Schriftsprache, Berlin 1934, S. 139 ff.

XX

heitlichere Konventionen aufweist[29]. Wenn es gelänge, ihren Ausgangspunkt mit Hilfe all der hierher gehörenden Handschriften im Bereich zwischen Moldau und Pregel[30] näher zu bestimmen und ihre Beziehungen zur Urkunden- und Kanzleisprache im Ordensland zu ermitteln, ergäbe sich daraus möglicherweise manch klärender Hinweis auf den »Ursprungsraum des Passionals«.

Die Berliner Handschrift ist in ihrer bewundernswerten Gleichmäßigkeit ein sehr instruktives Beispiel für diese sprachliche und graphische Regelung, und einige Korrekturen ihres Schreibers zeigen deutlich, wie bewußt er bemüht war, sie zu beachten. Ich habe es deswegen für richtig gehalten, bei der Gestaltung des Textes nicht ohne Not von den erkennbaren Grundsätzen dieser Schreibtradition abzuweichen. Ausnahmen wurden da notwendig, wo die Schreibung der Handschrift mit dem nicht übereinstimmt, was die Reimbelege erfordern. Bei den gelegentlichen, durch den Reim gesicherten Doppelformen des Denkmals (wie etwa *sal/sol; brengen/bringen; schrei/schre*) ist außerhalb des Reims die Form gewählt, die durch Reimbelege im Passional stärker bezeugt ist.

Auf einige Charakteristika der Handschrift sei besonders hingewiesen: mhd. *h* erscheint in den Verbindungen -*hs*-, -*ht*- und -*lh*- durchweg als *ch*. Reime vom Typ -*ehen* (*sehen, geschehen, spehen* etc.) gibt der Schreiber sehr oft als -*ehen* : -*en*, bzw. -*en* : -*ehen* wieder; hier ist im Text stets zu -*ehen* ausgeglichen. Ebenso treten neben Formen wie *zien, wien* etc. *zihen, wihen* auf, auch in Reimen vom Typ *zihen : vlien;* die Formen ohne *h* sind hier in den Text aufgenommen. Für *k* im Anlaut vor *l* und *r* findet sich regelmäßig *cl* und *cr*. *kegen, kein* steht neben seltenerem

---

[29] Zwischen den beiden von Bernt ausführlich besprochenen Hss. (Hs. *F* zu Heinrichs von Freiberg Tristan und unser cpg 341) und dem hier ins Auge gefaßten Material bestehen etliche Übereinstimmungen, jedoch auch deutliche Divergenzen, die wohl aus örtlichen, kaum aus zeitlichen Unterschieden zu erklären sind.

[30] Burdach, Vom MA zur Reformation, Bd. V, S. 14.

gegen, gein; auch hier ist die häufigere Form beibehalten. Präterita wie *hetten, beitten, leitten* erscheinen neben *heten, beiten, leiten*, in Reimstellung gibt das Reimwort den Ausschlag; die Ausgabe bietet hier stets die letzteren Formen. Umlautbezeichnung fehlt: *æ – o : horen, vrolich, losen* etc.; *ü – u : sunde, gelubde, erzurnen* etc. Das Denkmal hat für mhd. *ie* durchweg *ī*; die Orthographie der Handschrift schwankt zwischen *ie* und *i*, jedoch in der Weise, daß für das einzelne Wort eine bestimmte Schreibung beobachtet wird oder doch zumeist überwiegt: nur in diesem Rahmen sind hier Inkonsequenzen ausgeglichen. Das Präfix *vir-* erscheint gegenüber normalem *ver-* in verschwindend geringer Anzahl. Der in md. Handschriften verbreitete Wechsel *e : i* findet sich darüber hinaus nicht. Für mhd. *æ* bietet die Handschrift nach md. Gewohnheit das Zeichen *e : meler, mere, gebere* etc. Mhd. *iu, uo, üe*, sind in dem Zeichen *u* zusammengefallen: *truwe, mut, gruzen* etc. Das Schwanken der Handschrift beim Suffix zwischen *-ic* und *-ec* ist zugunsten des überwiegenden *-ic* ausgeglichen. Für *ze* (als Präposition und als Präfix) bietet die Handschrift ausnahmslos *zu*.

Zu einzelnen Formen: Die Verwendung des Artikels *di, die* hat der Schreiber in der Weise gehandhabt, daß *di* N. A. Sg. F., *die* für N. A. Pl. aller Genera steht; Abweichungen von dieser Regel sind unerheblich. D. und A. des Personalpronomens 2. Pers. Pl. lauten ohne Ausnahme *uch*. Schwache Flexion des Adjektivs oder des adjektivisch flektierten Possessivums in attributiver Stellung nach Präpositionen, die den Dativ verlangen, findet sich verhältnismäßig häufig (*mit reinen willen, in uwern mute* etc.). *wellen* und *soln* zeigen bei Inversion in der 1. Pers. Pl. Präs. Ind. durchweg die Formen *wol wir* und *sul wir. deiswar* erscheint stets als *deswar*. Die Verwendung der Präposition *vor, vur* ist in der Handschrift ungeregelt, im Text nach dem Casus geschieden.

Abweichend von der Handschrift ist der Gebrauch von *u* und *v* nach vokalischer bzw. konsonantischer Qualität geschieden. Langes und rundes *s* sind im Text einheitlich wiedergegeben. Seltener

XXII

Verstoß gegen sonst richtige Verwendung von *s* und *z* ist aus-
geglichen. Das Schwanken zwischen *pf, ph* und seltenem *v* zur
Wiedergabe der labialen Affrikata ist zugunsten des *pf* geregelt.
Weitere kleinere Inkonsequenzen der Handschrift sind still-
schweigend ausgeglichen.

Zur Anlage des Apparats ist folgendes zu sagen: den Lesarten
vorangestellt sind jeweils die Siglen der Handschriften, die das
betreffende Stück enthalten. Dabei stehen die Handschriften in
Klammern, deren Varianten nicht erwähnt werden. Es folgen die
Überschriften, die sich in den Handschriften *BCDEMm$_1$m$_2$* fin-
den[31].

Der Apparat verzeichnet alle die Varianten, die über rein
graphische, lautliche und dialektale Abweichungen gegenüber
dem Text hinausgehen. Abgewichen wurde von dieser Einschrän-
kung da, wo die Lesarten für die Genese einer gewichtigeren
Variante von Interesse sein konnten. Offensichtliche Verschrei-
bungen, Streichungen, sowie Korrekturen, die ein Schreiber wäh-
rend seiner Arbeit vornahm (etwa Nachtrag eines ausgelassenen
Wortes) bleiben in der Regel unerwähnt, es sei denn, daß die
Mitteilung im Vergleich mit den Varianten anderer Handschrif-
ten Gewicht erhält. Nicht verzeichnet sind Kontraktionen sowie
metrische Abweichungen gegenüber dem gebotenen Text, wenn
diese sich auf syn- oder apokopierte Formen bzw. ergänztes *e* be-
schränken.

Die Mitteilung der Varianten geschieht in der Weise, daß die
zu einer Lesart angeführten Handschriften die Variante in der
angegebenen Form bieten[32]; die in Klammern folgenden Hand-
schriften weisen demgegenüber geringfügige Abweichungen – zu-

---

[31] Die Passionalhandschriften *IAH* stellen nur dem gesamten Legen-
denkranz eine gemeinsame Überschrift voran, die in *IAH* auf dem
oberen Rand über zwei Seiten hinweg, in *AH* außerdem noch vor
Ml. I steht. Auf dem oberen Rand: *von vnser vrowen wundere
H(IA);* vor Ml. I: *Diz sint vnser vrowen wundere A, von vnser
vrowen wundere H.*

[32] Nur Groß- und Kleinschreibung bleibt hierbei unberücksichtigt.

meist graphischer Art – auf, die indessen ohne jede textkritische
Relevanz sind. Bei Verzeichnung zweier Verse ist der Beginn der
zweiten Zeile durch Großschreibung des ersten Worts gekenn-
zeichnet. Wortersatz wurde, wo eine Angabe nicht aus sich her-
aus verständlich ist, mit Hilfe der eckigen Klammer gekenn-
zeichnet.

Die Überschriften der einzelnen Legenden sind lediglich Ar-
beitshilfen und dienen in erster Linie der Identifikation, beispiels-
weise bei der vergleichenden Beschäftigung mit lateinischen und
volkssprachlichen Parallelen. Sie genügen also dem ihnen zuge-
dachten Zweck, wenn sie ein »Kennwort« bieten, das keineswegs
auf den Kern oder, im Sinne des Passionaldichters, auf das »An-
liegen« des einzelnen Stücks hinzuweisen braucht[33]. Pfeiffers Be-
zeichnungen und ebenso die von der Hagens leisten teilweise
diese Hilfe nicht, weshalb sich in einigen Fällen eine Änderung
empfahl. Wo hinter einer solchen der Pfeiffersche Titel nicht mehr
ohne weiteres erkennbar wird, ist er dem neuen Vorschlag in
Klammern beigegeben.

Vielen, die das Zustandekommen dieser Ausgabe durch ihren
Rat und durch freundliche Hinweise unterstützt haben, schulde
ich Dank. Er gilt in ganz besonderem Maße aber Hans Fromm,
der, als unwissentlich parallel betriebene Vorbereitungen zu einer
Edition dieser Mirakel endlich offenbar wurden, dem Anfänger
die Chance einräumte und schließlich von seinem Plan abstand.
Den Dank dafür angemessen zu formulieren, ist nicht ganz
leicht: *»Min vngelenke zvnge Mvz darinne wesen stvm«*[34].

[33] Zu der kargen, oftmals aber sehr nützlichen Registrierungsweise bei
Mussafia, Studien zu den mittelalterlichen Marienlegenden I–V, SB
Wien 1887 ff., wird man sich in einer Ausgabe dennoch nicht ent-
schließen mögen.
[34] Ms. germ. fol. 778, 108va, 28 f.

XXIV

BIBLIOGRAPHISCHE HINWEISE

A. Zum Alten Passional:

Gerhard Thiele, Untersuchungen zum Passional, Diss. masch., Berlin
1936.
–, Der Ursprungsraum des Passionals, Diss. Berlin 1936 (Teildruck),
Weimar 1936.
Karl Helm und Walther Ziesemer, Die Literatur des Deutschen Ritter-
ordens (Gießener Beiträge zur deutschen Philologie 94), Gießen 1951,
S. 48–70.
Ernst Tiedemann, Passional und Legenda aurea (Palaestra 87), Berlin
1909.
Gustav Ehrismann, Geschichte der deutschen Literatur bis zum Ausgang
des Mittelalters, Schlußband, München 1935, S. 379–381.
Willy Krogmann, »Passional«, Verfasserlexikon Bd. V, Berlin 1955,
Sp. 863–867.
Helmut de Boor und Richard Newald, Geschichte der deutschen Litera-
tur, Band 3, 1, München 1962, S. 527–531.
Hellmut Rosenfeld, Legende, Stuttgart 1961, S. 56–59.
Gerhard Eis, Die Literatur des Deutschen Ritterordens, Ostdeutsche
Wissenschaft Band IX, München 1962, S. 69–72.

B. Zur Marienlegende allgemein:

Hans Fromm, Mariendichtung, Reallexikon der deutschen Literatur-
geschichte, Band 2 (2. Aufl.), Berlin 1960, S. 276–279 (mit weiterer
Literatur).

C. Zu den Marienlegenden des Passionals:

Robert Stroppel, Liturgie und geistliche Dichtung zwischen 1050 und
1300 (Deutsche Forschungen 17), Frankfurt a. M. 1927.

D. Zu einzelnen Legenden:

Joseph Dobner, Die mittelhochdeutsche Versnovelle Marien Rosenkranz, Diss. München 1928.

Theodor Pelizaeus, Beiträge zur Geschichte der Legende vom Judenknaben, Diss. Halle 1914, Berlin 1914.

Karl Plenzat, Die Theophilus-Legende in den Dichtungen des Mittelalters (Germanische Studien 43), Berlin 1926.

Franz Ritter, Die Legende vom ertrunkenen Glöckner, Diss. Straßburg 1912, Carpach 1913.

R. Sprenger, Die Legende vom Judenknaben, Pfeiffers Germania 27 (1882), S. 129–144.

Eugen Wolter, Die Legende vom Judenknaben, Diss. Halle 1879.

XXVI

VOM GEBURTSFEST MARIAS

Nu horet alle, die hi sin!   76va
Uf daz uch di kunigin,
di edele und di vrie
gotes muter Marie
5 muge deste baz behagen,
so wil ich hi von ir sagen
– ir zu lobe, uns zu vrumen,
als ich mit warheit han vernumen –
sumeliche gute mere,
10 dar an di lobebere
rechtes lobes wol ist wert
in dem herzen, daz ir gert
zu einem vorsprechen dort.
    Ir habet alle wol gehort,
15 daz si vier tage hat,
die man mit vire begat
in des iares ummevart.
der tac, do si geborn wart,
der wart zu iungest ufgeleit

I IAHBCD(StW₂)
Überschriften: Hie hebent sich an
   groz wunder Von vnser vro-
   wen besvnder *BC.* Hiet heft
   sich an dˢ iuncvrowen chran *D.*
1 Nu *f. D.*
2 uch *f. BCD.*
5 Mvget *C;* dester *ABCD,* des
   die *H.*

7 uns] vnd *BCD.*
8 mit] die *BCD.*
12 daz] der *BCD.*
16 viegern *C(B),* viern *D;* ir
   begat *AH.*
18 do]so *D.*
19 der *f. D.*

20   von der reinen cristenheit.
nu horet, wi sich daz erhub,
als ich sin an dem mere entsub:
    Ez was ein reiner guter man,
der hete sich genumen an
25   in alle sime lebene,
daz er ie vil ebene
sich von der valschen werlde enzoch
und an unsen herren vloch
an des gebetes innekeit.
30   sin herze dicke was zuspreit
an des geistes weide;
der werlde lieb noch leide
enkunde in brengen nicht da von,
des er mit gote was gewon,
35   wand er mit kuschen mute
in rechter demute
uf got was geneiget gar.
    Nu vugete sichz alle iar,
immer als di zit gelac,
40   daz nu ist unser vrouwen tac,
in dem si zur werlde quam,
der selbe gute man vernam
in grozer suzekeit dar obe
an unsers lieben herren lobe
45   von engeln lustlichen sanc,

76vb

21 erhub] e. so *BC*.
22 entsub] enphant do *BC*.
23 reine *H*, rain *D*; gvt *BC*.
25 allem *ABCD*; leben (: eben) *BCD*.
27 zoch *BCD*.
30 s. h. was dikche gesvrait *D*; zer sprait *A*, gespreit *BC*.
33 enkunde in] Kvnden *C(BD)*;
nicht] mich *BC*; nicht brengē *H*.
35 kuschem *H(ABCD)*.
38 fuget *D(BC)*; sichz] sich es *H*, ez sich *BC(A)*, sich *D*.
39 also *A*, alse *H*.
40 da *D*.
41 ze *D*.
45 lvstiklichen *B(CD)*.

2

der im mit sulchem done erclanc,
daz er gevreut des sere wart.
ie nach des iares ummevart
horte er di stime, und anders nicht.
50 durch di selben geschicht
und durch des wunders gebot
bat er getrulichen got,
daz er im erscheinte,
waz dirre sanc meinte,
55 der im mit sulcher vreuden schal
ie des iares erhal
aller suzekeite vol.
sin wille wart ervullet wol,
wand im quam ein reiner bote,
60 ein engel, gesant von gote,
der lieblichen sprach zu im:
»guter man, nu vernim:
ich sal machen dir bekant
– dar nach din wille was gewant –
65 waz der gesanc meine.
Maria, di vil reine,
di edele, di demute,
di schone und di gute,
di cristes muter was erkorn,
70 an dem tage wart geborn
der cristenheit zu einer wer.
des vreut sich allez himelisch her
in der edelen vrouwen lobe
vor irme lieben sune dar obe.

46 clanc *H.*
52 getrulich *I.*
54 diser *D.*
56 In des iares vmmevart e. *H.*
61 lieplich *BC(D).*
64 bewant *D.*

69 x͞pc *H.*
70 In d. t. *BCD.*
72 des *f. D;* vrewte *A;* alles hi-
mels hᵃ *H.*
74 lieben *f. D.*

75 diz saltu offenbaren,
daz man in allen iaren
in der cristenheit bege 77ra
den tac, swenne er ouch entste,
daz also himel und erde
80 wol eintrechtic werde,
glich und unverhouwen,
an dem lobe der vrouwen,
di wert ist aller werdekeit.«
swaz dem manne wart geseit,
85 daz sagete er vurbaz zuhant:
dem pabeste machte er ez bekant
und andern guten luten.
sin wort und sin beduten
entpfiengen sie vil ebene,
90 wand er an sime lebene
mit vil grozer heilekeit
ein bilde gab der warheit.
der pabest und die gelarten
iren sin do karten
95 allen enden in di schrift
und vunden in der alden stift,
als ouch geschriben was da vorn,
wi an dem tage wart geborn
di edele iuncvrouwe gut.
100 sus viel dar uf ir aller mut,
daz der tac ein vire wart
von der zit untz vurwart,
den die cristen lute

78 ouch] ivch *A(BC)*; erste *BCD.*
83 Di werlt ist *D.*
87 und] Wan *BC.*
94 dar *ABCD.*

95 a. e. vnde *B(CD)*; vf d. schr.
    AHBC(D).
97.98 *umgestellt BCD.*
101 vieger *BC*, vier *D.*

4

begen mit vreuden hute
105 und eren dran Marien,
di edelen wandels vrien.
sus sal von rechte immer sin
gelobet des himels kunigin!

II

ERSCHEINUNG
AM LICHTMESSTAGE

(Die Frau mit der Kerze)

Ez was ein edele vrouwe,
di mit genaden touwe
von gote also begozzen wart,
daz si in tugentlicher art
5 ires herzen liebe scharf
grozlich uf unse vrouwen warf,
uf Marien, di kunigin.
ir liebe wart dar an wol schin,
di si zu Marien truc
10 in grozer hitze genuc
an tugentlicher snelle:
si liez ir eine capelle

77rb

104 begen] Reẏgen *(radiert aus
Reẏgen) B*, Reyen *C*, raien *D*.
107 immer] vnser *BCD*.
108 gelobet] Gelovben *BC(D)*.

II IAHBCD(DaStW₂)
Überschriften: Hie hebet sich ein
mer an Von einer edelen vro-
wen ysan *B*. Hie hebt sich an

ein mere gvt Von einer vro-
wen wol gemvt *C*. Von einer
edlen vrowen *D*.
5 hertze *D*.
6 vnser *ABCD*; vrouwe *I*.
7 mariam *H*.
8 liebe] lob *AHBD(C)*.
9 di] Daz *AHBCD*.
12 hiez *CD*; ir *f. BCD*.

5

vor irme huse machen.
mit erlichen sachen
15 wart di gezieret ordenlich.
di vrouwe underwant sich,
daz ir was gentzlich undertan
capelle unde capellan.
daz was ir wille und ir gebot
20 durch Marien und durch got,
als in ir liebe was ergraben,
daz si wolde alle tage haben
eine messe von Marien.
di edelen und di vrien
25 lobete si alsus da mite.
der vil tugentliche site
werte an ir lange unde lanc.
    In des iares hineganc,
do der kuniginne tac
30 in rechter maze gelac,
daz Maria, di gute,
in grozer demute
ir kint in den tempel truc,
als man mit vreuden genuc
35 in der reinen cristenheit
die liecht zu den kirchen treit,
daz liechtmesse ist genant,
do wart der vrouwen erwant
ir messe an ungemache:

16 do sich *BCD.*

17.18 Daz ir wast vnd°tan alsus
Capelan vnde dat gotz hus *H.*

19 Diz *A(BCD),* Dit *H;* gebot]
wort *BCD.*

20 durch marein den hohen hort
D; mariam *BC.*

23 sand marien *D.*

24 edele *B.*

25 da *f. BCD.*

26 tvgentlicher *BC(D).*

27 ir *f. D.*

28 iares] iamers *B;* vmmeganc
AH(BCD).

29 kuninginnē *H.*

34 noch genůc *A(HBCD).*

36 den] der *ABCD(H).*

37 Die l. *BCD.*

6

40 ez vugete notsache,
daz ir prister dannen was
und ir niman sanc noch las
di messe, als si was gewon.
di edele vrouwe truc da von
45 in ir vil groz ungemach,
durch daz man si betrubet sach,
wand ir di sache ir vreude nam.
in ir capelle si quam
– mit grozer andacht si daz tet –
50 und viel mit leide an ir gebet.
si clagete weinde sere,
daz si der grozen ere
des heiligen tages solde entwesen
und weder singen noch lesen
55 di messe solde horen.
diz muste ir vreude storen
in alles herzen mute.

    Secht, wa got, der gute,
liez offenlichen schouwen
60 an der selben vrouwen,
daz er nicht ungelonet lat,
swer sine muter lieb hat:
di vrouwe wart entrucket hin
von gote in einen vremden sin,

77va

---

40 ein n. *HCD(AB)*.
41 danne *D*.
43 di *f. AH*.
45 vil *f. D*.; grozez *B(C)*, gôzzen *D*.
48 kapellen *BC*, chapeln *D*; be-qvam *BC*.
49 mit] An *AH*, In *BCD*.
51 weinende *HBC(A)*, weinunde *D*.
55.56 *umgestellt CD*.

55 *der Vers ist in zwei Teilen hinter V.* 56 *und V.* 57 *am Rande nachgetragen B*; solten *BC*.
56 vreuden *D*; storen] meren (: horen) *C*.
57.58 *umgestellt BC*.
57 alles] ier *D*.
58 wo *BC*.
63 entnvcket *C(D)*.
64 in einem vromden sin *D*.

65   der ir herze erluchte;
di vrouwen do beduchte,
wi si in ein munster quam,
dar abe si vil vreuden nam.
daz munster was gezieret,
70   wol underordenieret
an tiefer listkunder art.
di vrouwe bracht dar in wart
an eine wol gezierte stat.
secht, wa zur tur in trat
75   – als si begunde schouwen –
vil schoner iuncvrouwen:
wol geordent was ir ganc.
idoch vor in allen swanc
ein iuncvrouwe also lustsam,
80   daz di vrouwen wunder nam
irre unmazen clarheit.
si was kuniclich becleit
in aller richeit genuc;
uf irme houbte si truc
85   eine wol luchtende crone.
sie quamen alle schone
und satzten sich nach ir recht
in der kirchen zilecht,
als sie ir ordenunge twanc.

65 entluchte *A*.
66 vrouwe *I*.
68 vreude *AHD*.
70 wol · vnde geordeniret *B(CD)*.
71 An vil listiger art *BCD*.
72.73 *fehlen D*.
72 dar in bracht *HC(B)*.
74 sech *D*; wa] wo er *C*, wo *D*;
    turen *H*.

76 vil schoner] Ain schar von
    A(HBCD).
79 so l. *H*.
80 vrowe *A*.
81 Ier vnmazze cl. *D*.
82 kunincliche *H*, kvnklich *B*; ge-
    kleit *BC(AD)*.
85 liechte *C*, liecht *D*.
86 Dise qu. *ABCD(H)*; alle] also
    D.

90 dar nach nicht vil uber lanc
   so sicht si aber dringen
   eine schar von iungelingen
   in durch di kirchtur.
   sie quamen alle her vur
95 in daz munster ordenlich
   und satzten zuchtlichen sich,
   wand in wol gestulet was.
   in den gotes palas
   wart do vil burnder kerzen bracht.
100 mit harte grozer andacht
    gab man ein liecht der vrouwen hin,
    di zum ersten vor in
    was in den tempel getreten.
    als sie daz getan heten
105 und di vrouwe lobesam
    ir liecht in ir hant genam,
    die kerzen man al umme gab
    untz an daz ende hin ab,
    daz da niman inne was
110 in des munsters palas,
    er enhete ein liecht in der hant,
    obene harte schone entprant,
    ane di vrouwe alleine.
    do quam ouch ir eine

77vb

90 vil *f. ID.*
93 kẏrchen tvr *B(C),* chirche tver *D.*
94 Die qu. *AHBC.*
95–132 *fehlen D.*
96 zůchticlichen *A(BC),* zuchte-lichē *H.*
99 do *f. BC;* brinnender *A,* brennender *BC.*
100 mit] In *I;*

103 In den tempel was getreten *BC(AH).*
105 und] Do *BC.*
107 die] Ir *I.*
109 daz] So daz da *HBC,* So da *A;* enwas *H.*
111 Ern het *BC.*
112 harte] vil *BC.*
113 vrowen *BC.*
114 Seht do quam ouch aine *A(HBC).*

9

115 und gab der vrouwen ein liecht,
    uf daz si hete mitepflicht
    an der hochzit. diz geschach.
    dar nach di vrouwe aber sach,
    wi mit schonen vugen
120 zwene zwei liecht trugen:
    daz eine was Laurencius,
    daz andere Vincencius.
    nach den quamen zwene man,
    die sich heten angetan,
125 als noch hute in hochzit
    diaken und subdiaken pflit,
    und zu dem amte suln lesen.
    die duchten si zwene engele wesen.
    nach den quam mit zierheit
130 einer, pfeflich becleit:
    si duchte, ez were Cristus.
    nu dise quamen alle sus
    untz hin vur den altare,
    do erhub man offenbare
135 des tages sanc und sin amt.
    swaz ir dar inne was gesamt,
    die sungen also schone,   78ra
    daz von sulchem done
    di vrouwe groze vreude entpfie.
140 daz amt vaste hine gie
    biz zu dem opfersange.

117 hogezit *H.*   128 zwene *f. AH.*
122 daz] Der *A(H)*; ander *ABC.*   129 Seht nach *BC*; den] disen
123 dem *BC.*   *ABC(H).*
    Auf 124 *folgen in B ein, in C* 130 Ein *BC*; pfeffeliche *H.*
    zwei Verse: In schone gewant 132 dise alle quamen *A(HBC).*
    lobesam *BC*; die iren eren wol 136 in *D.*
    getzam *C.*   141.142 *umgestellt BCD.*
125 hochgezit *BC.*   141 Vntz *A*; zu *f. D.*
127 und *f. A.*

10

                    do quam an schonem gange,
                    als daz opfer solde sin,
                    di gecronte kunigin
145   hin vur den prister, da si
                    untz uf die knie sich nider lie,
                    und opferte im daz kerzenliecht
                    mit tugentlicher zupflicht.
                    als si wider hin getrat
150   da si e was an ir stat,
                    ein ieglich zu dem alter quam,
                    als der gewonheit gezam,
                    da er der kerzen sich verzech,
                    di man im da vor lech.
155   sie begunden alle schouwen
                    dort nach iener vrouwen,
                    ob si queme oder nicht
                    und wolde ouch opfern ir liecht.
                    der prister, der des amtes wielt,
160   nach der vrouwen sich enthielt,
                    also daz er nicht vurbaz sanc.
                    diz werte lange unde lanc,
                    daz doch di vrouwe nicht enquam.
                    do daz di kunigin vernam,
165   daz ir beite gar di rote,
                    do wart da hin gesant ein bote

142 Doz *D.*
145 Hin fuer den priester auch gie
    D; da ouch sie *A(HBC).*
149 Vnd als *ABCD(H).*
150 do *D.*
151 igleichz *D*; zu dem] do zem
    BCD(H); zům a. do *A*; alter]
    opfer *D.*
152 gezam] wol g. *I*, do g. *BD*, do
    zam *C.*
153 Do *BC.*

154 do *D.*
155 sie] Vñ *B(CD).*
157 ob] Oder *H.*
158 Vnd opfern wolde ouch ir licht
    A(HBCD).
161 Als *A.*
163 Daz doch vrowe nicht cham *D.*
164 kunigin] vrowe *H.*
165 gar] do *BCD.*
166 gesant do hin *BCD.*

von der grozen kunigin:
»ganc«, sprach si, »si mac wol sin
als ein geburin gemut,
170   dem si nu gliche tut
und zu dem opfer nicht enquam,
sit der prister lobesam
ir beitet also lange dort!«
der bote warb sine wort
175   zu der vrouwen ummez liecht.
si sprach: »des engebe ich nicht.
wil der prister singen
und daz amt volbringen
nach dem rechte uf sin zil,   78rb
180   daz mac er tun, ob er wil!«
di kunigin ir aber enpot,
des liechtes were ir unnot,
daz si ez zum opfer brechte
und dar an gedechte,
185   wi ir der prister beite
und daz amt nicht enleite
– als er solde – uffez ort.
do was aber der vrouwen wort,
als ez da vor was gewesen:
190   »er mac singen oder lesen,
swi im daz selber wol behage:
min liecht ich im nicht entrage

168 Ganc sprach si] Ganc sprich
sprach si *A(H)*, Ginck sprich
B(CD).
170 nu] nv wol *AHBCD*.
173 peitte *D*.
174 warif *D*; sin *BC(D)*.
176 dier nicht *D*.
177 pfaffe *A*.
178 vollebringen *H*.

179 sin] daz *BCD*.
183 ez f. *D*.
186 nicht d. a. *AHD(BC)*; leite
AHBC(D).
188 Da *I*.
191 selbe *HBCD*; wol behage]
mac behagen *BC*, mag gehagen
D.
192 niht wil tragen *BC(D)*.

12

nach mines herzen wale!«
zu dem dritten male
195 enpot da hin di vrouwe:
»ganc«, sprach si, »und schouwe,
ob si noch an den sachen
ein ende wolle machen
und daz liecht her brengen.
200 wil si ez aber lengen,
so nim daz liecht mit gewalt:
des du ir nicht lazen salt!«
der bote quam aber dar
und nam ir mit rede war,
205 ob si noch wolde volgen.
si wart im des erbolgen
so gentzlich, daz si hielt ir liecht
und gab im da von nichtesnicht.
der bote ouch nicht bliben liez,
210 als in sin vrouwe tun hiez:
an daz liecht die hende er sluc.
di vrouwe im nichtesnicht vertruc,
wand si sich vaste hielt inhart.
der strit lange an in gewart,
215 wand si im crieges nicht entvloch:
iener zoch, di vrouwe zoch
nach des herten crieges siten.

195 do *D*.
196 Ginch *BD(C)*; beschowe *AH-
BCD*.
198 vns ein ende *H*; welle *AD*,
wellen *BC*.
199 her *f. A*.
202 ensalt *H*; scholt *(: gewalt) D*.
203 der] Do *C*; aber] do aber
ABC(D).
204 an ir *AHBC(D)*.
207 gaentzleihen *D*; behielt *D*.

209 niht ovch *B*; enliez *H*.
211 die h. er sluc] ir hende slvc
C(D).
212 nichtes nicht im *A*.
213 in hart *IABC*, hin hart *D*.
214 wart *BCD*.
215 nicht] nie *H*; entloch *B*.
216 Die vrowe zoch iener zoch
B(CD).
217 hertzen *D*.

di kerze brach al in miten,
daz si ir halb bleib in der hant.
220 hi mite was ir criec volant:
di vrouwe zu ir selber quam.
mit rechter warheit si vernam,
daz si got beruchte
und mit genaden suchte,
225 der sele zu gelucke.
si vant daz halbe stucke
der kerzen noch in irre hant.
alle ir truren was volant
durch sulcher vreuden gebot.
230 si lobte den guten got
und di heiligen muter sin,
Marien, di kunigin,
um di schone geschicht.
mit aller tugende zupflicht
235 diente si ir baz dan e.
swem da was von gesuchte we,
dem wart sin leit gar benumen:
ob er dar zu mochte kumen,
daz in daz kerzen stucke
240 berurte zu gelucke,
so mochte er wol gesunt sin.
des si gelobet di kunigin!

78va

218 chertzen D; allen mitten D.
221 selben D.
222 si] vnd ACD(HB).
223 sus berůchte A(HBCD).
224 genade B.
225 selen AH, sellen (das zweite l ist durch Rasur aus b entstanden) B, selben CD.
227 irr A, ir BC(D).
228 Alles B, als C, allez D; ieren D.
233 schonen HBCD(A); gesicht A, gesichte (: zuplicht) H.
234 tugendē H.
235 denne ABC, danne H.
237 leit] lart D.
240 Gerůrte A.
242 di] den D.

14

III

»GAUDE MARIA VIRGO«

(Ein Blindgeborner wird sehend)

Bonifacius ein pabest was,
als ich von im geschriben las,
der zu Rome in der stat
an vil genaden uf trat
5 und ein tempel der abgote
nach rechter tugende gebote
in ein gotes tempel karte,
als in sin wisheit larte,
wand er genaden was gevult,
10 als ir her nach horen sult,
wan uns di zit kumt an ir recht.
Do man den selben gotes knecht
des stules pflegen zu Rome sach,
bi sinen ziten geschach,
15 daz zu Rome in der stat
der iuden criec sere uf trat
kegen der reinen cristenheit,
wand sie waren alda breit
und ein teil groz ir gewalt;

III   IAHBCD(DaStW₂m₁m₂)
Überschriften: Ditz mere ist ovch
geschehen   Wie ein blinder
wart gesehen *BC.* Wie boni-
facius einē tēpel macht *D.*
Wie die Iuden chriegten mit
den christen cze rom vmb
maria dew iunkfraw *m₁, die
letzten beiden Wörter fehlen
m₂.*
2 geschriben vō im *A.*

5 einen *D*; aptgote *D.*
10 her *f. D*; noch *BCD*; wol ho-
ren *BCD(A).*
11 Swān *A(H)*, Swen *BC(D).*
12 dē *H*, dem *BC.*
13 z. R. des stůls pflegen
A(HBCD).
16 iuden] in den *D.*
18 wand sie] Die Iuden
A(HBCD); bereit *C(D).*

20   hi von wurden sie so balt
      an ir verkarten listen,
      daz sie die gotes cristen
      velscheten, swa sie kunden.
      dar uf sie begunden
25   mit rede buwen hi und da.
      sie sprachen, daz Maria,
      do si Cristum gebere,
      nicht kusch ein maget were:
      Ioseph, der were ir rechter man.
30   »nu secht«, sprachen sie, »dar an,
      daz ein ieglich mensche verbirt,
      swaz von nature nicht gewirt;
      naturlich ganc let dar abe,
      daz ein iuncvrouwe ein kint habe
35   und des blibe kusch dar na.«
      die cristen sprachen isa
      zu in, daz der groze got
      al vollen hat des gebot,
      daz er in sime hoen lobe
40   si der naturen obe,
      dar uz er machet, swaz er wil.
      sie bezugeten ez vil
      mit propheten und wissagen,
      die ez bekanten bi ir tagen,
45   und hiezen sie daz suchen
      in ir selbes buchen:
      da stunde ez werlich geschriben.

23 wo *D*.
25 redē *H*.
32 waz *D*.
36 cristenen *H*; sa *BCD*.
38 an vollen *D*; daz g. *D*.
40 Der naturen (naturem *H*) si
   obe *AHD(BC)*.

42 bezevgten *B(C)*, betzigten *D*;
   wil *D*.
43 vnd mit w. *ABC*.
44 wissagten *BC(D)*.
47 Do *BCD*; stvnt *IBC(D)*; wer-
   liche *H*.

16

die iuden idoch stete bliben
und liezen sich nicht biegen
50 von ir valschen criegen,
swi man in dicke wider trat.
    Nu was ein blinder in der stat,
von siner muter blint geborn,
dem was dirre criec zorn.
55 sumeliche sagen mere,
daz er ein iude were:
wir lazen in sin, swer er was,
er was ot blint, als ichz las.
idoch hete er von kindes iugent,
60 als noch die blinden vil wol mugent,
gelernet uzen di schrift.
sines herzen wise grift
in den grunt so verre brach,   79ra
daz er offenlichen sprach
65 – als di schrift hat gesaget –
Maria were ein kusche maget
und hete in rechter kuscheit
Cristum an siner menscheit
mit vreuden zu der werlde bracht,
70 als sin von gote was gedacht,
der ez nach willen geschuf.
do wart ein huzen und ein ruf
kegen im von allen iuden:
als ein tier von den ruden
75 wart er an gebollen!
»din lib ist bewollen«,

50-209 *fehlen D.*   62 wiser *ABC*.
50 iren *BC*.   64 offenliche *H*.
56 daz] Wie *AHBC*; ein] an *A*.   66 kevsch ein maget *BC*.
57 im *B*; wer *I*.   67 in] an *I*.
58 ot] ie *I*, ouch *H*; er was *f. BC*.   73 Ze gegen *A(H)*.
60 vil wol die blinden *ABC(H)*.   75 er] er do *AHBC*.

17

sprachen sie, »du blinder!
du macht wol treten hinder,
wand du in sunden bist geborn
80 und dar inne hast verlorn
die ougen der naturen.
du soldest billich truren!
der ordenunge missetrit
hat dir verschrenket die gelit,
85 und von sulcher ungewalt
bistu nicht als ein mensche gestalt
vollenkumen an den geliden.
du soldest billich han vermiden
kein uns heben dinen criec!
90 ganc zu huse und swic,
wand dir misselungen ist
din Maria und din Crist.
hey, wi verre sie dir sint!
du bist ir knecht und bist blint.
95 du lobest sere Marien,
und si kan nicht gevrien
dich von blindiclicher clage.
hi von uns nimmer nicht sage
von ir tugentlichen macht!«
100   Do wart der blinde dar zu bracht,
daz er begunde buwen
uf got und im getruwen,
daz er in solde losen

79 Wan dv bist i. s. geborn *BC.*
82 billiche *H.*
83 missetreit *B,* missetreit *(: gelit) C.*
84 Hat der verkrenket *BC.*
89 heben *f. H;* disen *A.*
92 din² *f. BC.*
95 se *H.*

96 Di kan dich nicht g. *I;* ver vrien *BC.*
97 Von diner blindeclichen clage *I;* dich] Doch *C;* blintlicher *ABC,* blintelich⁹ *H.*
98 nicht] me *AHBC;* gesage *HBC.*
100 dar zů der blinde *A(HBC).*
103 Wol · Daz *BC.*

von disen worten bosen
105 durch siner muter willen.
die iuden wolde er stillen,
die nu waren alzu geil.
»nu horet«, sprach er, »mich ein teil,
waz ich offenlich uch sage:
110 her nach an dem dritten tage
so sult ir alle vil wol sehen,
wi got an mir wil beiehen,
daz er in siner tugende lobe
der naturen ist obe,
115 als mir sin gute wider git,
daz von geburt nider lit,
– ich meine miner ougen liecht,
des man nu mich darben sicht.«
»hora! hora!« sprachen sie,
120 »waz dirre hat geraset hi!
Ia«, sprachen sie, »gotgumen,
sich, ob dir Crist mac gevrumen,
den unse vetere viengen
und an ein cruce hiengen:
125 sin helfe was im selber tot,
wand man im leides vil erbot,
daz er muste liden;
man sach in da vermiden,
swaz er helfe ie gewan.
130 wir wollen des dir bi gestan
und uns dar an verbinden:

109 evch offenlich *B(C)*.
112 veriehen *C(B)*.
116 von natûren *A(H)*.
118 mich nv *ABC(H)*.
120 geredet *BC*.
121 gotgumen] du gotgvmen *A*,
dv̇ got kvmē *H*, dv got gvt-
man *BC*.

122 cristus *A*, xp̄c̣ *H*; mac gevru-
men] gefrvmen mag ẏsan *B*,
gefrvmen kan *C*.
123 vnser *ABC*.
127 er ouch m. *AH(BC)*.
130 dir des *AHBC*.
131 uns *f. A*.

gehilfet er dir blinden,
daz du mit ougen macht gesehen,
wir wollen gentzlich an in iehen
135 mit gelouben und uns toufen.«
    Do wart ein zuloufen
von dem volke in der stat.
diz gelubde man sie bat
verburgen und behalden.
140 do sprachen gar die alden,
die edelen Romere,
ob dem also were,
daz der blinde wurde
von blindiclicher burde
145 erloset von dem guten gote,
so solde gar der iuden rote
in mit gelouben eren.
wolde iman des entkeren,
des gut solde wesen vri
150 und er muste wichen bi
so hin mit schanden uzer stat.
der blinde vrolich heim trat;
hi mite ouch ieglich der diet
heim zu herbergen schiet.
155 die iuden heten iren spot,
die cristen baten alle got,
daz er ir spotten dructe
und den gelouben zucte
uf in hoer werdekeit,
160 wand in der iuden valscheit

79va

134 genzeliche *H*, gentzlichen *BC*;
   an ī *H*, an im *B*, *f. C*.
138 diz] Mit *BC*.
140 gar] do *BC*.
144 blintlicher *ABC*, blintelich⁵ *H*.
148 enkeren *BC*.
151 hint *C*.

152 vroliche *H*.
153 iechelicher *H*.
154 Vrolich (vroliche *H*) heim zv
   hvse schiet *BC(AH)*.
156 cristenē *H*.
160 in *f.*, *steht zu Anfang des fol-
   genden Verses I.*

20

gedachte unwislich ruren.
der blinde hiez sich vuren
vur den pabest Bonifacium;
der weste noch nicht dar um.
165 do er di rede im sagete,
vil wol si im behagete,
wand er was ein wiser man
und gestunt mit im dar an,
got solde in wol erhoren
170 und den valsch zustoren,
der an der iuden herze lac.
    Nu was di zit der selbe tac,
der e von in beiden
was dar zu bescheiden,
175 der liechtmesse ist genant,
do Maria den heilant
Iesum truc zu dem templo.
der pabest hiez gebieten do,
als im sin herze geriet,
180 daz algemein der iuden diet
des tages zu houf sich nemen
und zu der metten quemen
in daz munster unser vrouwen:
da solde man beschouwen
185 ob Crist, der iuncvrouwen sun,
icht mochte ein zeichen getun
von gotlichem gewalde.

161 Bedaht *B(C)*; vnwisseliche *H*;
   rvchen rvren *BC*.
162 bat *AHBC*.
163 den *f. H*.
164 noch *f. BC*.
165 So *BC*.
166 wie wol *BC*.
167 gûter *A(HBC)*.
171 an der] ander *B*, andern *C*.
175 der] Vnde *BC*.
177 dem *f. BC*.
180 alle gemeÿne *B*, al gemeine *C*.
184 Do *C*.
186 tvn *BC*.
187 gottelicheme *H*; gewalt (: alt)
   BC.

do quamen iunge und alde
sunder allez vristen
190 – von iuden und von cristen,
von leien und von pfaffen –
und wolden zu caffen,
welche den sic heten.
man sanc vil schone metten,
195 wand da vil pfaffen was.
do man di achten leccen las,
do wart iener blinde
gevurt von eime kinde
vur den alter an eine stat,
200 da er so offenlich uf trat,
daz in manic mensche sach;
sin gebet er da sprach.
daz kint lief von im her abe
und liez in sten an dem stabe,
205 dar uf er geneiget stunt.
sin herze tet, als die tunt,
die nicht zwiveln an gote:
in rechter tugende gebote
gewis er siner ougen was.
210 do man di leccen uz gelas,
do sweic der kor, und er sanc
mit vreuden, als sin wille in twanc,
ein responsorium, daz er
in dem herzen brachte her
215 und getichtet hete vor.
sin stime hub sich dran enpor

188 Secht do quam ivnc vnd alde
    A(HBC).
193 Welich *A*, Welch *BC*.
196 do] Daz *BC*; echtē *H*.
200 Do er do so *BC*; offenlichē
    AH.
202 gebete *A*; do *HBC*.
204 stade *(: abe) C*.
210 uz *f. H*.
212 als in sin *BC(D)*; wille *f. D*.
216 sich] er *AHBC*; sich *f. D*.

und sanc in rechter wende
hin untz an daz ende.
do daz vers uz quam,
220 von gote lon er des nam
ouch zuhant uffer stete,
wand er zwei schone ougen hete!
Crist erluchte sinen knecht
(daz in der zit wol was recht),
225 wand er mit worten vrien
sine muter Marien
groz lob hete an geleit
und ir edele kuscheit
bewerte wol dar inne.
230 siner worte sinne,
die er offenliche sanc,
heten uf den sin ir ganc:
»vreuwe dich, Maria, vrouwe gut!
aller ungelouben blut
235 hastu wol zubrochen.
swaz zu dir hat gesprochen
Gabriel, der gotes bote,
des geloubtestu von gote
in rechter tugende schouwe.
240 du kusche iuncvrouwe
gebere menschen und got
nach der gotheit gebot
und blibe kusch nach der geburt...«

80ra

219 der v. *AHD.*
220 des] do *A.*
223 Cristus *AH*; Crist] Sust *D.*
224 was wol *ABCD.*
226 seiner *D.*
227 Grozze *AD.*
231 er f. *D*; offenlichen *ABC(D)*,
     offelichen *H.*

233 vrouwe *f. BCD.*
234 Alles *AH*, allez *BCD.*
236 zu dir] von dir *ABC(HD).*
238 geloubestv *I(H)*, geloûbetestu
     A, gelovbtest dv *BC(D).*
240 Di kvsche *I(BCD).*
241 Gebaeren *D.*
243 nach] an *BCD.*

23

(daz ichz da mite mache kurt:)

245 »...der iude muze sin geschant,
des geloube ist dran gewant,
daz Crist, der liebe herre min,
Iosephes sun solde sin,
sit in di iuncvrouwe gut
250 gebar in kuscheit wol behut.«
Swaz der pfafheit was gesamt
durch di metten an daz amt
und sahen, waz alda geschach,
wi der mensche wol gesach,
255 der vor des blint was gewesen,
do was ein ieglicher genesen
mit vreuden von des zwivels not,
der sich da vor genugen bot.
in lobes richem schalle
260 huben sie do alle
ir gesanc hin zu gote,
von des tugende gebote
der iuden schallen sich verschriet.
sich touften von der iuden diet
265 wol um die vumfhundert.
swer ouch des bleib gesundert
und nicht sich liez erweichen
diz lobeliche zeichen
sunder als e herte bleib,

244 da mite *f. H*; kvrtz *(: geburt) BC(H)*.
245 gesanch *(: gewant) D*.
246 des] Der *BC*.
250 in] mit *BCD*.
251 pfaffen *CD(B)*.
252 merrē *H*, metten *f. BCD*.
255 des *f. BCD*.
256 ein *f. D*.
257 des tevfels not *BC(D)*.

258 do *BCD*.
262 tugenden *A*, tugeden *H*.
Nach 262 *in Rot:* Von einem Ritter *D*.
263 Den iuden *D*.
264 tovfet *BC*.
266 bleib des *D*; bleib] was *I*.
267 sich niht *C(D)*; entwǐchen *BC*.
269 als er *AH*.

24

270 den selben man vil balde uz treib
— als e was gelobet — von der stat.
Do wart ouch ordenlich gesat
von dem pabeste al besunder
durch diz groze wunder,
275 daz die geloubigen heten
den gesanc zu der metten
an dem tage unser vrouwen.
dar an sie mochten schouwen
ir lob und ir eren pris,
280 wand di kuniginne wis
iren vrunden helfen wil.
des si dunket nicht zu vil:
die si mit truwen rufen an,
den wil si vollen trost lan,
285 swa sie in noten indert sin.
des si gelobet di kunigin!

270 vil man balde *B*, vil balde man *C*; vil *f. D.*
272 ouch *f. I*; ordenliche *H.*
275 die] sie *BC, f. D*; gelouben *H.*
278 mohte *B.*
279 i. e. p.] ieren preis *D.*
280 di] sie *BC(D).*
281 vreuden *D.*
283 Der sie m. tr. rvfet an *B(CD)*; rufent *H.*
284 dem *D.*
285 sint *(: chvnigin) D.*
286 geloubet *D.*

IV

MARIA IM TURNIER

(Maria und der Ritter)

    Marien, der vrouwen gut,
sul wir in rechter demut
vil lobes stete mezzen!
    Ein ritter was vermezzen
5 an ritterlichem prise,
kune unde wise
was er und da bi tugenthaft.
Maria hete groze craft
in siner liebe, di er ir
10 bot mit steticlicher gir
an dienste manigerleie.
so hin zu dem turneie
wolde er in einen ziten
nach gewonheit riten.
15 bi des turneies plan
lac ein munster wol getan,
gewiet der wandels vrien
gotes muter Marien.
als der ritter ritterlich
20 wol bereit hete sich
und vur daz selbe munster reit,
dar inne was von pfafheit

IV IAHBCDE
Überschriften: Ditz ist ein schones
mer' Von einem Ritter lobe-
ber *B.* Ditz ist ein schones
mere Von einem ritter lobere
C. Von einem Ritter *DE.*
6 Wol k. *AHBCDE.*
7 da *f. D.*

9 di] do *A.*
12 so hin *f. E*; zu einem t. *E.*
13 Wol er *I.*
17 Geweihte *E*; wandels] gewal-
des *BC*, gewalten *D*, waldes *E.*
19 helt *AH*, degen *BCD.*
21 vur *f. A*; selbe *f. I.*
22 von] ein *E.*

gesamt ein ersame rote.
der ritter was gut in gote;
25 er dachte: »ez ist gut, daz ich ge
und hore in cristenlicher e
eine messe von Marien.
si mac mich wol gevrien
von allerhande leides not.«
30 als im sin wille gebot,
daz liez er vollen varn alhi:
in daz munster er gie
zu einer messe, di man sprach.
als man daz ende kumen sach,
35 so hub man dort ein ander an.
di wolde er aber vollen stan,
untz si vol sprochen were.
waz sal des lange mere:
der messen wart um in so vil,
40 daz sie in hielden in dem zil
untz bi den mitten tac so hin.
sin heilic tugentlicher sin
in nicht underbrechen lie,
swaz man der messen sprach alhi.
45 uf sin ros er do gesaz
unde reit so hin vurbaz,

80va

23 Gesament *H*.
24 in] gen *E*.
25 gedacht *ADE*.
26 cristelicher *H*.
29 Vor *AHD*; landes n. *D*.
30 do gebot *E*.
31 Des *BC*, Den *D*; vol *BCD*.
32 hin er gie *AH*, er da gie *E*.
34 ende *f. BC*; als man die uol chomen sach *D*.
35 Do hueb man ain ander an *E*.
36 di] Do *A*; aber *f. I*; volle *DE*.
37 vol] vollen *H*; sprechen *A*.
38 des] daz *BCD*, dicz *E*; lande *C*.
39 Der messe *BCDE*; um in *f. E*.
41 bi] an *D*, zu *E*; den mitten tac] mittem tage *E*; so] da *BCE*, do *D*.
42 heiliger *E*.
43 wider prehen *D*.
44 Swaz (was *E*) man sprach d. m. *AHBCDE*; messe *HBCDE*; hie *D*.
45 saz *E*.
46 so hin *f. E*.

da er weste den behurt.
di zit beduchte in wesen kurt,
di wile er in der kirchen was
50 und gote sin gebet las.
uf den behurt stunt noch sin wan;
nu was der turnei zulan,
die lute riten im enkegen
und sprachen, daz er gar ein degen
55 des tages were alda gewest:
uf tiust und uf forest
besahen sie nie ritters man
ritterschaft so wol getan
als da sine kune manheit.
60 genuger alda zu im reit
mit vil grozer demut,
die im waren schuldic gut
nach des turneies recht.
beide ritter und knecht
65 sprachen vor in allen:
»ez ist uch wol gevallen,
wand ir gut, ere und pris
in vil ritterlicher wis
an uns hute habt eriaget.«
70 als diz dem ritter wart gesaget,
es nam in michel wunder.
idoch al dar under

80vb

---

47 Do *ABCDE*; die *D*; bvhvrz *B*.
48 taucht *D*, dauch *E*; wese *E*;
kurtz *(: behurt) H(E)*, kvrtz
(: bvhvrz) B.
52 zergan *BD(C)*.
54 Si sprachen *BD(C)*.
56 auf der iost vnd auf dem fest
E; auf trost *D*.
57 Gesahen *AHBCD*, Gesehen *E*.
58 began *AHBCDE*.

60 genuech *E*.
61 Mit vit vil grozer *H*.
63 rechte *(: chnechte) E*.
64 paiden *D*.
66 uch] ev *E*.
67 gûte *A*.
69 An ivch *A*; beiaget *HE*.
70 richter *D*.
71 Ez *HBCD(E)*; michel wichel
wund^a *H*.

28

begunde er offen schouwen
daz werc unser vrouwen,
75 wi er geeret was von ir.
»ir sult«, sprach er, »gelouben mir,
daz ich sin vil unschuldic bin.«
sus sagete er in gar den sin,
wi im zur kirchen geschach.
80 der ritter sich do von in brach,
zur werlde nam er urloub,
wand im was ir liebe toub.
er enschuf weder diz noch daz:
als er in den wapenen saz,
85 sus reit er in daz closter hin;
sin vil gotlicher sin
greif vurbaz an di ritterschaft,
daz er mit aller tugende craft
Marien ritter wolde sin.
90 des si gelobet di kunigin!

77 vil *f. DE.*
78 vil gar *I*; gar *f. BCD.*
79 ze kirchen *A(E).*
80 den ritter sich von in do prach
D; da von in sich *E*; da *BC.*
83 Ern schvf *BC(D)*; dis ioch daz
H.

84 in dem wafen *BC(E)*, in dem
wapen *D.*
85 daz] ein *HBCD(A).*
86 gottelicher *H*, gerlicher
BC(D).
88 tugent *A*, tugenchraft *E.*

V

DER JESUSKNABE ALS GEISEL

(Die Witwe und ihr Sohn)

Einer vrouwen starb ir man
und hete ir nicht me kint gelan
dan einen sun, der was ir zart.
do der zu einem manne wart,
5   er was in irme erbe
wol ersam und bederbe.
Nu vugete sichz an eime tage,
daz der vrouwen wuchs ein clage,
wand ir sun gevangen wart
10 und bevestent vil hart
in kerker und in halsrinc.
um den selben iungelinc
mochte man do schouwen
iamer an der vrouwen,
15 wand ir weinen und ir clagen,
daz si treib an allen tagen,
des was vil und genuc.
ir andacht si dar uf truc,
daz si begunde schrien

V   IAHBCDE
Überschriften: Ditz ist ein mere
gvt · Von einer vrowen vnd ir
svn wol gemvt · *B.* Ditz ist ein
mere vil hart Wie einer vro-
wen ir svn gevangen wart *C.*
Wie vnser vrow ein iungelinc
ledigt *D.* Daz ist von einem
iunglinge *E.*
2 mer *CDE;* lan *D.*

3 Dāne *A(HE),* Denne *BC,* Den
D.
5 irme] eren *D.*
7 sichz] ez sich *BC(D),* sich *E;*
an] vf *AH(E);* einē *H,* einen
D(E); tag (: chlag) *D.*
11 hals ringe (: ivnglinge) *E.*
13 da *D.*
19 begunden *D;* schreien (: marien
D, mareien *E)DE.*

20 an gotes muter Marien,
daz si von allen banden
und von den vianden
iren sun wolde machen vri.
diz gebet wonte ir bi
25 lange zit, und di geschicht
half si dar an nichtesnicht.
swaz si gebat Marien,
um iren sun zu vrien,
– den kerker niman im entsloz.
30   Zu iungest si sin ouch verdroz,
wand ir gebet was unerhort.
si quam zu einer kirchen dort
nach gewonlichen siten.
da was ein bilde gesniten
35 und meisterlich gehouwen
nach unser lieben vrouwen;
in ir schoze ein kindel saz.
di vrouwe erspehete vil wol daz
alleine si were drinne.
40 in einvaldigem sinne
vur daz bilde si quam.
zusamne si ir hende nam
und viel uf ire knie unvro.
si sprach zu unser vrouwen do,
45 wand betrubet was ir mut:
»Maria, iuncvrouwe gut,

24 wonte] daz won *E*.
25 daz g. *D*.
26 si] ir *E*.
28 vnd i. s. *BC*.
29 im] ir *AHBCE(D)*; ze sloz *D*.
33 gewonlichem *A*.
34 Do *BCDE*; zesniten *D*, versni-
ten *E*.

35 meÿsterlichen *B(C)*.
37 ein] ir *AHBC(D)*; kindil *H*,
kindlin *A*, chindelein *E*.
38 gespehet *BC*, spehet *D*, er-
speht *E*; vil f. *D*.
43 ir *ABC(D)*; vil vnvro *A*.
45 wart *B*.

31

ich bin da her zu dir getreten
und habe dich harte vil gebeten,
beide abent unde morgen,
50 daz du in minen sorgen
mir woldest dine helfe tun
und mir minen lieben sun
vrolich woldest losen
von alle ienen bosen,
55 die in dort gevangen haben.
nu han ich des vil wol entsaben:
swaz ich an dich und an din kint
schrie, daz ist allez blint,
wand du mir nicht helfen wilt.
60 min bete sich alhi bezilt,
wand ich dich nicht wil als e
um minen sun biten me,
– mine arbeit sal ich dran versparn!
aber ich wil dir mite varn,
65 als mit mir ist geworben.
sit min trost ist erstorben,
so wil ich din kint dir ouch nemen
– des mich durch not muz gezemen –
zu eime gisele vur min kint.
70 min wille nimmer sich erwint,
daz ich in wider brenge dir,
du enschaffest minen sun mir.

81rb

48 harte *f. BCD.*
49 beide *f. D;* vnd den morgen *E.*
51 woldes *H,* wellest *ABCDE.*
53.54 *umgestellt ABCDE.*
53 vroliche *H,* vrolichen *BC(D);*
wellest *BCD.*
54 allen *BCDE;* iene *A.*
56 vil wol des *E;* enstan *(: han)*
BC, entstan *(: han) D.*
57 an² *f. D.*
59 enwilt *H.*
60 beten *HBCD.*
63 sol dich *A.*
67 dir din kint *AHBC(DE).*
68 des muz durch not mich mich
enzemen *D.*
70 sich nimmer *E.*
71 in] ez *D.*
72 Dvnen sch. *BC,* dune sch. *D.*

32

dar umme tu als dir behage,
wand ich ie zu huse trage
75 din kint mit mir von dirre stat.«
hi mite si hin zu trat
und nam daz bilde ir uzer schoz.
ein tuch si dar umme sloz
und truc ez heim mit ir zu hus.
80 si gienc vil heimlich in ir clus
und nam mit grozem ruche
vil sidiner tuche
und dar zu ander gewant,
dar inne si ez wol bewant.
85 und leitez in ir kisten.
si sprach: »wil dich hi vristen
din muter, daz mac si wol tun.
gibet si nicht mir minen sun,
du wirst ir nimmer wider bracht.«
90   Nu quam ouch in der selben nacht
Maria, di vil gute,
in des kerkeres hute,
da iener sun gevangen lac
und vil lutzel vreuden pflac
95 nach siner viende willekur.

73 dich behage *E.*
74 ie *f. ABCD.*
75 diser *D.*
77 nam ier daz pild *D;* ir *f. I;*
   schoz] hant *H.*
78.79 *umgestellt H.*
78 vnde truch is heim mit ir zu-
   hant *(: hant) H;*
80 vnde genc in ir heimelch clus
   H; vil *f. D;* haus *D.*
81 namz *D;* ruche] ruche dar vz
   H.

82 vielt si in in ir tvche *BC,* vnd
   vielt ez in ier stuech *D;* tuche]
   tuche die warē crvz *H.*
83 und *f. D;* ainander *A;* gewant]
   gvt gewant *BC(D).*
84 Darv̄me *I.*
86 dich] ich *E;* hi] icht *BC,* nicht
   D.
88 mir nicht *AHE(BCD).*
89 wirdes *H,* wirdest *BCD.*
93 iener] der vrawen *E.*
94 lutzel] wenic *A.*

alle des kerkeres tur,
vezzern unde halsbant
loste im Maria zuhant.
si sprach: »vil liebez kint, nu ganc
100 vri sunder allen twanc
zu diner muter und sprich,
daz ich geloset wol han dich,
sit du macht vri bi ir leben,
heiz mir min kint ouch wider geben,
105 daz si mir vur dich e nam.«
    Der knappe heim zu huse quam
harte vrolich zuhant.
der muter machte er bekant
allez, wi im was geschehen.
110 als in di muter hete ersehen,
do wart ir vreude harte groz:
iren kasten si uf sloz,
des si do nicht bevilde!
si nam daz cleine bilde,
115 da mite si zur kirchen quam
und gab der vrouwen lobesam
ir kint wider unde sprach:
»nu hat min herze gut gemach,
edel kusche gotes maget!

81va

97 Vezzer *BD(C)*.
98 in *D*.
99 Vnd sprach *E*; vil *f. D*.
100 sunder] svnder an *BCE(D)*.
102 ich wol h. g. *AHBCD*, ich hab wol g. *E*.
103 Si du macht *H*; Seit du vrei macht *E*; bi mir *I*; geleben *BC(D)*, wesen *(: gebē) H*.
104 mir ouch min k. *H*; ouch *f. BCDE*.
105 e für dich *A(HBCD)*; e *f. E*.
106 ze chnappe *D*.

107 vroliche *H*.
108.109 D⁹ muter waz er wol bekant Vnde sade ir waz ime waz geschehē *H*.
110 gesehen *BCDE*.
111 vrevden *B(D)*; vollen gr. *ABCD(H)*, envollen gr. *E*.
112 schrein *D*; si do auf sloz *E*.
113 nicht do *E*.
114 cleine] schone *HBCD(A)*.
115 Do *D*; ze chirchen *D*.
119 gotes mueter maget *D*.

34

120 genade und lob si dir gesaget,
     wand din helflicher trost
     mir minen sun hat erlost
     von der gevencnisse cloben.
     des sal ich dich immer loben
125 ane vergezzens underbint!
     du hast gelediget wol din kint,
     daz ich dir laze vrie.«
         Secht, alsus kan Marie
     ir tugent den luten zeigen,
130 die sich wollent neigen
     und ir mit dienste under sin.
     des si gelobet di kunigin!

VI

DIE RETTUNG
DES GEHÄNGTEN DIEBES

     Uf ungenemen gewin
     satzte ein man sines herzen sin,
     wand er den luten stal ir habe
     und betruc sich dar abe.
5   idoch dirre selbe dieb
     hete unse vrouwen harte lieb,

121 helfelich⁸ H.

123 gevenckenisse H, vandinvsse
     B(CDE).

128 cham E.

129 zaigent (: naigen) E.

VI   IABCD(Pr)
Überschriften: Ditz ist ein mer
gentzlich   Von einem Diebe
vreislich BC.   Von eim deup ·
wie in vns⁸ vrowe half D.

1 vngenantem D.

3 leut D.

5 diser selber D.

6 vnser ABCD; sere l. ABCD.

swi er des bosen amtes pflac,
dar an er gevangen lac
in der sunden stricke.
10 idoch vil dicke und dicke
sprach er daz Ave Maria.
beide hi und ouch da
gruzte er di lieben vrouwen.
da bi was unverhouwen
15 sin dube, der er dicke pflac.
    Nu vugete sichz uf einen tac,
daz er nach dublicher art
nach rechter schult begriffen wart
und geworfen in den stoc.
20 durch sin velschlich gezoc
wart im verteilt sin leben.
uber in wart urteil gegeben,
daz man in solde erhengen.
diz wolde man volbrengen
25 nach gehegetem urteile.
mit eime starken seile
wart er gestricket oben an,
man zoch di leitern hin dan
und liez den dieb swingen.
30   Do wolde an nuwen dingen
Maria, di getruwe,
machen alda nuwe,
daz ein ieglich geslechte

81vb

10 vil f. D.
13 di] der A; liebe I.
14 was ovch BC(D).
16 ez sich B(CD).
17 an tvmplicher art BC(D).
18 Mit r. sch. ABCD; rechte
schulde D; ergriffen D.
20 vleischlich BC.
21 do s. l. ABCD.

22 wart urteil] ver teilen wart
BC, urteil wart D.
23 solde hengen A, wolte hengen
BC(D).
24 vollebrengen A, wol pringen
D.
25 ge echtem BC(D).
30 Da BC.
31 vil getriwe A.

36

si minnen sal zu rechte
35 und an dem herzen haben lieb.
si hielt enpor disen dieb,
daz in der stric nicht entwanc.
alsus sagete si im danc,
daz er si dicke gruzte.
40 sin ungemach si buzte,
swi er enpor swebete,
daz er doch wol lebete
und dikeines leides pflac.
    Sin gelucke im do wac,
45 daz die, die in e hiengen,
des dritten tages giengen
von geschicht da vur in,
wand da gienc ein straze hin,
und sahen, daz in wunder bot,
50 wi im noch verre was sin tot,
wand er sich regete und sprach,
als ob er hete gut gemach.
ir einer hiw entzwei daz seil,
– do gestunt er vor im heil,
55 als dem nicht leides ist geschehen.
sie baten in der warheit iehen,
wi daz were ergangen,
sit er was erhangen,
daz in der tot nicht hete erslagen.   82ra

34 si] Die *BCD*; von r. *ABCD*.
37 twanch *D*.
42 doch *f. BC*.
43 keines *BC(D)*.
45 e] do *A*.
47 da *f. D*.
48 da] daz *D*.
49 im *C*.
50 wie noch waere · waz ein tot *D*; not *B*.
51 rvrte *BC(D)*; sach BCD.
52 als *f. I*.
54 Seht do *A(BCD)*; in *BCD*.
56 iesen *(: geschehen) D*.
57 ez *BCD*.
58 wol waz *A*, was wol *BC*.
59 geslagen *BC*.

60   do sprach er: »daz wil ich uch sagen,
      wannen mir ist helfe kumen.
      do mir di leiter wart benumen
      und sus min trost verhouwen,
      di aller schonsten vrouwen,
65   di ie kein ouge me gesach,
      sach ich kumen uf min gemach,
      wand si mich enpor hielt
      und mit gewalt min also wielt,
      daz mich der stric nicht entwanc.
70   di zit enduchte ouch mich nicht lanc,
      wand mir gar ein semfte leben
      dar enbinnen was gegeben,
      so gerne ich di vrouwen sach.
      zu mir vil gutlich si sprach:
75   ›nu sich, wi du geniezen salt
      diner tugende gewalt,
      durch di ich dir helfe la,
      wand du daz Ave Maria
      zu mir spreche dicke;
80   des sal in disme stricke
      gelonet werden dir ein teil.‹«
          Die lute waren alle geil,
      do sie heten wol vernumen,
      war abe im helfe were kumen

60 ev D.
61 Wanne D.
62 genvmen ABC(D).
65 chain aug vber sach D; mer
   BC.
67.68 Wand sie mich mit gewalt
   hielt Enpor vnd min also wielt
   B(CD).
69 twanch D.
70 die tzeich taucht D; dovcht
   BC.

71 senftes BCD.
72 Dar inne BCD.
74 vil f. BCD.
76 tugent D.
77 helfen BCD.
78 du] ich BC.
82 allen D.
83 heten wol] heten ditz BC,
   ditz heten D.
84 helfe ẏm B.

38

85 durch di reinen Marien,
di in da wolde vrien.
do liezen sie in wesen vri.
der dieb lief alzuhant da bi
zu eime clostere, da er bat,
90 daz man durch got in an der stat
sine sunde lieze buzen.
Marien, di vil suzen,
gewan er also lieb dar na,
daz er daz Ave Maria
95 mit siner venie ir dicke bot.
Alsus tut in aller not
di vrouwe iren vrunden helfe schin.
des si gelobet di kunigin!

VII

EIN SCHOLAR,
MARIAS BRÄUTIGAM

In einer schule ein schuler was,
der da sanc unde las,
untz an kunst er gedech.   82rb

85 reine *I.*
87 So *ABC*; werden *BCD.*
89 do *BCD.*
90 ander *B(D).*
91 liezen *BC(D).*
95 ir] er *A, f. BCD.*
96 tut] tet er *D.*
97 ir vrevde helfe *B*, ir helfe
vrevde *C*, ir helfe vreuden *D.*

VII I*ABCD*(Pr)
Überschriften: Ditz ist ein hvb-
schez mere Von einem schvlere
B. Ditz ist ein schones mere
Von einem schvlere *C. Klein
am Rande:* Von einem schuler
D.

1 schule] stat *ABCD.*
3 er an kvnst wol *A*, er der
kvnst wol *BC(D).*

39

sin herze sich des nie verzech,
5   ez enhete lieb Marien.
di reinen wandels vrien
gruzte er dicke hi und da
mit dem Ave Maria.
unser vrouwen gezit,
10   di maniger noch sprechen pflit,
di sprach der schuler alle tage.
      Nu entstunt im ein clage,
di im ein teil swere wart,
wand im des todes hervart
15   vater unde muter nam.
daz erbe gar uf in quam,
wand er was ein einic sun.
der vrunde rat muste er tun,
wand ir wille was dar an,
20   er solde von den buchen lan
und zu der e grifen
oder im begunde entslifen
uz den henden sin gut.
sie uberwunden sinen mut,
25   er volgete irme rate.
do wart ouch im vil drate
getruwet offenlich ein brut,
di man im schone und uberlut
erlich zu huse brachte.
30   der brutegoum gedachte,
er hete ein teil gebrochen
und noch nicht vollen sprochen

5 Er *ABC*; hette *B(CD)*.
7 dich *B*.
8 Mit sime A. M. *A(BCD)*.
9 tagzeit *D*.
10 noch genûger *A(BC)*, noch
   gnueg er *D*.
14 herevart *A*.

18 rate *A*.
23 henden] handen hin *ABCD*.
25 Vnd er *ABD(C)*.
27 Getrevt *BC*, Gedrutet *D*.
29 Erlichen *BC(D)*.
30 do gedachte *CD(B)*.

40

di gezit unser vrouwen.
daz hete im underhouwen
35 di samnunge und di wirtschaft.
daz herze idoch im was behaft
zu unser vrouwen also tief,
daz er heimlichen lief
in vil drater snelle
40 da bi in di capelle
und wolde ervullen sin gebet.
binnen des und er daz tet,
do viel er und entnucte.
sin herze sich enzucte
45 an vremde aneschouwe. 82va
vur in quam unse vrouwe
in schonem liechte genuc.
ir antlitze si nider sluc,
als ob di wol geborne
50 in solde sehen mit zorne,
dem si wol geliche sach.
zu im si unmutic sprach
alda in dem kore:
»eya, du rechter tore,
55 wes wiltu lazen dich gezemen
und ein ander brut nemen?
dar an wiltu mich smehen
und gar verunwehen.
dine kuschlichen cleit
60 soldestu mit werdekeit
behalden gar in aller macht,

33 tagezit *BC(D)*.
36 waz im *A*.
39 An *ABCD*.
42 binnen des und] al die wile *BC*, an die wiel *D*.
45 vremder *BC*, vromder *D*.
46 vnser *ABCD*.

51 wol *f. A*.
55 dich lazzen *D*.
57 dv wilt mich *A*, dv mich wilt *BC(D)*.
59 Diner *BC(D)*.
61 gar] wol *BCD*.

sus hetestu dich vor bedacht.
nu wiltu verandern dich
und eine brut uber mich
65   an dine liebe nu zien.
sus wiltu hin von mir vlien,
daz ist vil effenlich ein dinc!«
do erschrac der iungelinc
deswar harte sere!
70   er nam di widerkere
so hin zu der wirtschaft.
war an daz herze im was behaft,
daz machte er niman kunt.
     Dar nach an der abentstunt,
75   do man zu bette in vurte,
sin alde truwe in rurte,
di er zu Marien truc,
daz er sich karte uf sulchen vuc,
wi er heimlich entqueme.
80   diz schuf wol der geneme,
als im geriet sin wille.
er lief do in der stille
zu eime clostere hin ab,
da er zuhant sich ouch begab.
85   mit tugentlicher reinekeit
opferte er di kuscheit
Marien, der vrouwen sin.   82vb
des si gelobet di kunigin!

₆₂ dich] dier *D*; gedacht *CD(B)*.

₆₃ Eẏ nv wiltv *A*, Eẏa nv wilt dv *BC(D)*.

₆₅ An dines hertzen lieb zien *A(BCD)*.

₆₆ hin von mir *B*, von mir hin *C(D)*.

₆₇ offenlich *BC(D)*.

₆₈ Secht do *AD(BC)*; erschracht *D*.

₆₉ Zewar *D*; ouch harte *A*.

₇₆ rew *D*.

₇₈ sich *f. D*; vuc] svch *BC*, kluc *D*.

₇₉ hin qveme *BC(D)*.

₈₄ Do *BCD*; ouch sich *A(B)*; ouch *f. CD*.

₈₆ sin k. *C(D)*.

42

VIII

»SALVE SANCTA PARENS«

(Der einfältige Pfarrer)

An kunstlichem prise
was ein pfaffe unwise,
– ich meine an uzerre kunst.
idoch an tugende vernunst
5 waren im die sinne scharf.
dar uf er ie sin herze warf,
daz er zu Marien truc
grozer liebe vil genuc,
dar inne er zu allen ziten bran.
10 dirre selbe gute man
von den messen gemeinen
hielt sich an di einen,
daz er, als sin einvalt in twanc,
»Salve sancta parens« sanc.
15 diz was di messe, di er treib,
an der er alle tage bleib
und wolde ouch stete an ir wesen.
beide singen und lesen
was im di messe wol gereit.
20   Diz mere wart von im so breit,

VIII IABCD(m₁m₂)
Überschriften: Ditz ist ein tovgen-
lichez mere Von einem phar-
rere *B*. Ditz ist ein vil gvt
mere Von einem pharrere *C*.
Von einem pfaffen *D*. Von
ainem ainualtigē (ainualtigem
m₂) pfaffen *m₁m₂*.
3 vser *B*, vzer *CD*.

4 tvgenden *ABC(D)*.
6 sin herze] sertze *D*.
8 lobe *D*.
10 diser *D*; gvt *BC*, gueter *D*.
13 in sin ainvalt *A(BCD)*; er *ſ*.
D.
16 er *vor* blaip *D*.
19 berait *AD*.
20 was *D*; von] an *BCD*; im *ſ. D*.

daz ez der bischof vernam,
der des groblich erquam,
wand er ouch nach im sante.
sinen zorn er wante

25 uf in mit harte grozer craft:
alle siner pristerschaft
hiez er in gentzlich vri wesen,
weder singen noch lesen,
wand ez gar missezeme,

30 daz er sich an neme
an der pristerschaft so leben.
im was ein pfarre gegeben,
di nam im ouch der bischof:
beide hus unde hof

35 liez er nicht im bliben,
wand er wolde in vertriben
als einen rechten narren
von allerhande pfarren
und uz dem genieze lan.

40   Der prister, der gute man,
wart vil leidic und unvro,
daz er verstozen was also
von alle sime gemache.
durch di selbe sache

45 an unse vrouwe er vaste rief.
do sus di zit hin gelief
und zu ir halb di nacht genam,

83ra

21 Vntz es sin b. v. *A(BCD)*.
22 graeulich *A*; enquam *D*.
23 Wan auch im sante *D*.
26 Aller *ABCD*; pruderschaft *D*.
28 Deweder *A*.
29 ez] er *BCD*.
31 so beleiben *D*.
32 vor gegeben *BC*, vor geben *D*.
33 Die im ovch nam *BC(D)*.
35 Des liez *ABCD*; im niht *BC(D)*.
41 vil *f. D*; ledich *D*.
43 allem *BCD*.
44 Vnd durch *AD(BC)*; selben *BCD*.
45 vnser vrowen *ABCD*; wast *D*.

44

Maria, di vrouwe, quam
zu dem bischove, do er lac,
50 an slafe gemaches pflac,
– in sime troume diz geschach.
ernstlich si zu im sprach,
als si unmutic were:
»sage mir, durch welche mere
55 hastu minen capellan
so betrubet von dir gelan
und im sine ere genumen,
der an min dienst ist bekumen
und dar an wol vervlizzen?
60 du salt vurwar daz wizzen,
du engebest im di ere wider,
daz din ere lit dar nider;
beide lib unde leben
mustu gentzlich ergeben
65 binnen disen drizic tagen!«
den bischof wart di angest iagen,
daz er da von erwachte.
zuhant er sich uf machte
und sante nach dem prister hin.
70 mit demut viel er vur in hin
und sprach: »dir ist nicht wol geschehen,
als ich mit warheit habe gesehen.
vergib mir minen ubeln mut
und habe dir wider alle din gut,

48 Ivncvrowe *BC(D)*.
49 da *A*.
50 slafen *BC(D)*; gemachtes *D*.
52 Grvlich *B*, Grv̓lich *C*, gruz-
lich *D*.
57 benvmen *BC(D)*.
58 minen *A*, meim *D*; ist *f. D*.
61 Dvnen gebest *BC*, Dune gebst
D. sin ere *BC(D)*.

62 daz] da *D*; gelit *A*; da nider
AD.
64 vf ergeben *A*, vf geben *BC(D)*.
65 Inner *D*.
66 sin angest *ABC(D)*.
67 Da er *D*.
71 dir] mir *IABC(D)*; wol *f.*
BCD.
74 allez *BC*, als *D*.

75 pfarre unde pfafheit
und dar zu gantze vriheit,
idoch in sulcher miete,
daz ich dir nu gebiete:
von disme tage vurbaz
80 saltu behalden immer daz,
des ich dich gar wil vrien,
daz du di schonen Marien
erest mit der messe allein
vur di andern gemein,
85 als du biz her hast getan.«
do wart vro der gute man
und dancte der vrouwen gut,
daz si in hete wol behut
an erbe und an dem amte sin.
90 des si gelobet di kunigin!

83rb

IX

DER TRAUM DES SCHOLAREN

(Der Schüler aus Sizilien)

    Sycilia ist ein lant
mit sime namen so genant,

82 di *f. D.*
84 dier *D.*
86 Seht do *A(BCD);* der chape-
lan *D.*
87 danch *D.*
89 An dem erbe *BCD.*

IX   IABCD(StW₂)
Überschriften: Hie ist ovch ein

schône mer Von einem tvmben
schvler *B.* Hie ist ovch ein
schone mere Von einem an-
dern schvlere *C.* Auer von
einem schvler *D.*
1 S. hiez vnd ist ein lant *BC,*
S. heizzet ain lant *D.*
2 sime *f. D;* also *ABCD.*

46

dar inne was, als man saget,
ein schuler, wol uf betaget,
5 der den rechten wec verlie,
wand er mit sunden umme gie,
dar inne er besulwet lac.
idoch swi er vil sunden pflac,
die in heten gebogen,
10 so was daz herze im gezogen
zu Marien, der suzen,
di er pflac ofte gruzen,
wand er ir grozer liebe iach.
da bi er vil mit sunden brach
15 und erzurnete also got,
daz er sin heilic gebot
verwarf und in sunden lief.
   Zeimal lac er und entslief.
do troumte im harte swere,
20 in duchte, wi er were
vur got an sin gerichte kumen
und horte grozen unvrumen,
der uber in alda geschach.
got zu sinen heiligen sprach:
25 »ey, nu saget mir, welch recht
sal haben dirre bose knecht,
dem ich so vil han vertragen?
in hat di sunde also verslagen,
daz er mit willen ist gereit

3 als] also *BC, f. D.*

4 uf *f. D.*

10 Doch was *I*; sin hertze *A(BCD).*

12 Div pflac er dicke *A*, Do pflak er wol ze *B(C)*, die phlac er wol ze *D.*

13 Ofte er ir groze lībe iach *B(CD).*

14 vil] sich *D.*

15 er zvrnte *BC.*

18 vnde slief *BCD.*

25 Eẏa *B.*

26 diser poser *D.*

29 wille *A*; berait *A.*

30 in ieglicher bosheit
besuln den lib und den sin.«
die heiligen sprachen wider in:
»herre, gewaldiger got,
er hat so vil in din gebot
35 gebrochen, daz des wol ist zit,
ob sin leben dran gelit.
gib in mit urteile
zu dem unheile,
dar nach sin sundic herze lam.«
40 als daz Maria vernam,
di muter aller truwe
machte alda nuwe
irre grozen tugende recht
und gedachte an iren knecht,
45 der si vil ofte gruzte.
sin leit si im wol buzte
und machte im alle sorge blint.
si sprach wider ir liebez kint:
»ey, lieber sun, tu so wol,
50 gewere mich, als ich biten sol
vur diz mensche, daz hi stat,
daz din urteil vertumet hat
zu der helle glute.
sich an dine gute,
55 daz du so rechte gut bist.
gewere mich in dirre vrist

83va

30 iegliche *BC(D)*.
31 Besulwen *A(BCD)*; vnd ouch *A*.
34 in *f. D*.
37 im *BC*.
40 maria daz *ABCD*.
43 Ir grozen tvgenden *B*, In grozen tvgenden *C(D)*.

45.46 *fehlen D*.
45 dicke *A*.
46 wol im *A*; wol *f. BC*; ein leit *C*.
49 Eẏa *BC*; liebes kint *AC(BD)*.
52 verdampt *CD(B)*.
55 Daz so rechte gvt du pist *D*.
56 diser *D*.

48

und lenge ein wenic im sin leben.
wil er di sunde nicht begeben
und sich nicht zu dir keren,
60 so saltu an im meren
— swi dir behage — dinen zorn.«
»sich«, sprach er, »nu han ich verkorn
durch dich, liebe muter min,
daz er vertumet solde sin
65 als ein unnutze vaz.
ich wil in vristen vurbaz,
ob er sich umme kere,
mich und dich dran ere,
daz er sich baz versinne.«
70 do neic di kuniginne
kein im mit grozer werdekeit,
daz sin zorn was hin geleit,
als sin tugent in larte.
Maria sich do karte
75 kegen dem schuldigen man:
»ey«, sprach si, »nu sich dar an,
wi dir genade ist geschehen!
du salt mit vlize besehen,
daz du von allen sunden vlies
80 und din leben uf tugende zies.
tustu des nicht, wizze daz
dir hilfet niman vurbaz,
untz dir kumt ein leider slac.«
der rede er also harte erschrac,

83vb

59 nicht sich *CD(B)*.
60 an mier *D*.
61 behaget *A*; dinem *BC*.
62 Si sprach · er *B*, Er sprach · *C*, er sprach *D*.
64 verdampt *C(BD)*.
65 vnnvtzez *B*, vnnvtzes *C(D)*.
72 hin was *BCD*.
74 da *BC*.
76 Eya *BC*.
79 Daz du alle sunde vl. *D*.
80 tugent *D*.

85 daz er da von erwachte.
vil balde er sich uf machte
und dancte siner vrouwen.
er liez vil gentzlich schouwen,
daz im was leit di sunde.
90 zu einem urkunde
er luterlichen bichte.
do er sich wol entlichte,
zu eime clostere balde er vur,
da er sich inne verswur
95 und ouch mit tugenden stete bleib.
sine zit er nutzlich vertreib
durch di lieben vrouwen sin.
des si gelobet di kunigin!

X

DER ERTRUNKENE GLÖCKNER

Ave Maria ist ein gebet,
swer daz ie mit vlize tet

85 entwachte *I(D)*.
86 vil] vnd *D*; drate *ABC(D)*; er f. *BCD*.
88 Ouch liez er *A(BCD)*; gentzlichen *BC*.
89.90 Daz im was (was im *D*) leit die stvnde Der svnde Zv einem vrkvnde *(Punkt hinter svnde B) B(CD)*.
92 Daz er sich *A*; entslichte *D*.
94 Do *BCD*; verswer *(: fuer) D*.
95 mit] an *D*.
98 gelebt *A*.

X   IABCDM(StW$_2$m$_1$m$_2$)
Überschriften: Hie hebet sich ein mere an Von einem mvnche vreizsan *B.* Ditz ist von einem mvnche kranc Wie der in einem wazzer ertranc *C.* Von einem Mvnich *D.* Von einem glockenere Dez sel̲e kom in groz swere *M.* Von ainem valschm̅ münich *m$_1$.* Von einen valschem münich Das lis *m$_2$.*

und noch hute in vlize tut,
deswar des lon ist harte gut,
5 wand di liebe kunigin
Maria, di vrouwe min,
in rechter zit im lonet.
sin wirt ouch geschonet,
da er es aller best bedarf.
10 diz gebet ist also scharf,
daz ez vil untugende
– und nemelich in der iugende –
abe den luten snidet.
der tuvel von im lidet
15 deswar leides harte vil,
als ich ein teil uch sagen wil.
     In eime clostere was ein man,
der hete munches cleider an
und truc uzene daz leben.
20 sin herze was vil unbegeben,
an dem den orden kuset got.
von der brudere gebot
pflac er di metten luten
und daz zeichen duten,
25 dar nach man sanc unde las.
ein harte valscher munch er was,
wand er als ein tumber gief
des nachtes zu den luten lief,

84ra

3 in] mit *BCDM*.
4 zwar *D*, daz ist war *M*; harte *f. BCDM*.
8 Din *A*; ouch] ovch wol *BC(D)*, wol *M*.
9 Do *BCD*.
12 und *f. I*; menleich *D*; iungende *D*.
13 sniden *(: leidet) D*.
15 Zewar *D*, Daz ist war *M*; leider *BCD*, leides *f. M*.
16 uch] auch *D*, ew *M*.
18 münchisches clait *A*; mvnichs *M*.
19 vzzen *A*, vzen an *BC(DM)*.
21 Am dem dem o. *D*.
24 bediutten *M*.
26 harte] vil *BCD(M)*.

so er des mochte haben state.
30 eine gewonheit er hate,
der er gewon was zu pflege,
daz er ie in dem selben wege
unser vrouwen bilde neic
und da bi nicht gesweic,
35 er enspreche ein Ave Maria.
      Eines nachtes quam er da
aber uf sinen bosen wec.
uber ein wazzer lac ein stec,
dar uf sin trit geburte.
40 der tuvel zu schurte,
untz im der vuz hin abe entgleit.
im entstunt ein michel leit,
wand er viel nider und ertranc.
vil scharf was der anevanc,
45 den di sele an vorchten nam.
ein michel her von tuveln quam,
die sich der sele an namen.
die heiligen engele ouch quamen
und warten ires teiles.
50 des menschen unheiles
waren die tuvele harte vro
und sprachen zu den engeln so:
»waz ist uwer gewerben

30 eine] Er *A*; er doch *ABCDM*.
31 phlegen *(: wegen) D*.
32 in] an *ABCDM*; dem selben
wegen *D*.
33 bilde] liep *D*.
35 Ern spreche *BC*, Ern sprach *D*,
Er spreche *M*.
39 Dar vber *BC(DM)*.
40 zu] do zů *A(B)*, dor zv *C*, dar
zv *M*, dar *D*.

41 im *f. M*; dar abe sin fvz
B(CDM); hin abe *f. A*.
43 nider] in *A, f. BCDM*.
44 was sein a. *D*.
46 der tevfel *BC(DM)*.
47 der] die *CD(M)*.
48 die engel dar zue quamen *D*.
51 sere *ABCDM*.
53 werben *M*.

an disses menschen sterben?
55 er ist unser, da er lit,
wand er pflac des alle zit,
daz er mit sunden umme gie,
in den er ist erstorben hi.
hi von ist sin gevelle
60 von rechte untz in di helle!«
die engele sichs do verzigen,
der antwurte sie geswigen,
wand die tuvele heten war:
er was mit sunden kumen dar.
65 Secht, do machte uns nuwe
Maria, di getruwe,
daz si den wil bi gestan,
die sunderlichen vliz han
in ir dienste alle zit.
70 ob der mensche wol in sunden lit
und doch di kuniginne
in etelichem sinne
da bi mit truwen eret,
ir tugent si daz leret,
75 daz si im in rechter not
– ez si in leben oder in tot –
ir helfe muz ie leisten.
si quam zu disen geisten,
da si den vrunt in noten sach.
80 vil ernstlich si zu in sprach

84rb

54 disens *D*; sterbēs *(: gewerben)* *D.*
55 do *D*; er²] si *D.*
58 ist er *C.*
61 sich des *ABCD(M)*; do] gar *BCD.*
62 Des *D*; si do *M.*
67 bi gestan] bestan *BC.*
68 bi · die *(vgl. V. 67) BC*; die] den *D.*
69 ze aller zit *BCM(D).*
70 wol *f. D.*
74 tuget *D.*
75 in *f. A.*
79 Daz *A*, Do *BCM.*
80 im *BCM*, vil *f. D.*

mit gewaldes volleiste:
»wa nu, ir ubeln geiste,
wi turret ir beruren
di sele und indert vuren,
85 als ich an uch wol schouwe?«
do sprachen sie: »o vrouwe,
wir tun der sele harte recht,
wand er als ein valscher knecht
den lib mit sunden hat volant.«
90 do sprach di vrouwe sanzuhant:
»o des sult ir nicht sprechen!
ich mac wol underbrechen
mit rechter warheit den strit,
wand er pflac des alle zit,
95 als er an disen wec quam,
daz er urloub zu mir nam
und neic kein minem bilde.
da bi in nicht bevilde,
er engruzte alda mich
100 mit sime gruze vruntlich,
den ich von im dicke nam.
zuhant als er wider quam
gruzte er mich aber unde neic.«
der tuvele craft hi mite sweic.
105 do sprach di vrouwe: »uf daz ir   84va
gedenken muget icht zu mir,

82 v̇bel *A*.

83 getürret *A(M)*; gerůren *M*.

85 ew *M*.

86 si alle *M*.

87 der leben *D*; harte] wol *BCDM*.

88 valscher] bôser *A(BCDM)*.

90 zehant *D*.

91 o *f. D*.

93 disen *ABCDM*.

96 er] er e *ABCDM*; von mir *ABCM(D)*.

99 Ern grv̊ste *BC(D)*, Er grůzte *M*.

101 dicke von im *BC(DM)*.

103 er *f. D*.

104 gesweik *D*.

106 Gedenket *I*; mugt ier *D*; zu] an *ABM*, daz *CD*.

54

daz ich uch wolle tun gewalt,
so laze wir mit einvalt
an den richter di sache,
110 und swaz er druz mache,
des sul wir halden uns gewert.«
des wart ouch von in begert.
do sprach der hoste richter got,
sin wille were und sin gebot
115 durch sine muter minnesam,
di sich der sele an nam,
daz di sele queme
und den lib wider neme:
wolde er bezzern sin leben,
120 so solde man di vreude im geben.
were aber daz er in sunden
di bosheit wolde ergrunden
und besult dar inne wesen,
so solde er bliben ungenesen:
125 er muste nach des libes tot
hin in di ewigen not
und da besitzen di glut.
»daz urteil ist gewesen gut«,
sprach di vrouwe sanzuhant.
130 Nu was di zit ouch volant,
daz die munche heten
geslafen biz zur metten.
niman zoch di glocken,

107 ew *M.*
111 vnser *BCDM.*
112 von ir *BC(M)*; gegert *CD.*
116 die s. *BC(M)*; selen *A.*
120 wolt man *BC(DM).*
121 mit svnden *D.*
123 besulwet *A(BCDM).*
125 nach] noch *BCDM*; des libes
tot] des todes not *ABCD(M).*

126 di ewigen not] den ewigen tot
ABCDM.
127 besitzen di] sitzen bi die *BC,*
sitzen pei der *D,* sitzen in der
M.
129 zehant *BCDM.*
132 biz zur] vntz tze *D,* zv der *M.*
133 Vnd nÿman *A(BCDM).*

di daz lut solde locken
135 zur kirchen nach gewonheit.
ir swigen wart do hin geleit,
wand sie hin unde her
suchten iren glockener,
als in do wol geburte.
140 zur tur uz man in spurte,
man gienc im nach, untz man in sach
ertrunken ligen in der bach.
diz was in unmazen leit.
doch was in allen verseit
145 di sache, di in uz treib.
nicht lange er da ligen bleib.
sie zugen in uz uf daz stat.
des volkes vil hin zu trat
und clagete sin ungemach.
150 binnen des und diz geschach,
daz sie in claget aller meist,
do erquicte sich sin geist
von unsers herren gebote.
alle di gesamte rote
155 nam des michel wunder.
sie vrageten al besunder
wi im geschehen were.
do sagete er in die mere
gentzlich, durch waz er uz quam
160 und wi er sinen tot nam

84vb

134 volc *AC(BDM)*; solden *I*.   146 do *BCM*; ligen] niden *D*.
135 noch *BCD*.   147 vfter stat *A*, vf der *BCM(D)*.
136 da *BC*.   149 klagten *BCM(D)*.
137 wand] Vnde *BC*, Vnd *D*, Vntz   150 binnen des] inner des *D*, vnder
    M.   dᵉ wile *M*; daz *A*.
138 gesůchten *M*.   152 sich sin] sich *D*, sich dᵉ sin *M*.
140 uz f. *BCD*; v̊z *vor* spûrte *M*.   155 nam] Nach *A*.
141 im f. *A*.   156 alle besvnder *BC(DM)*.
142 in dem bach *ABCM(D)*.

und wi di reine kunigin
im were in den noten sin
getrulich zu helfe kumen.
als sie heten diz vernumen,
165   do lobeten sie alle got.
der bruder liez der sunden spot.
nach tugenden er mit vlize warb,
dar inne er seliclichen starb
und quam hin zu der vrouwen sin.
170   des si gelobet di kunigin!

XI

DIE BLUME IM MUNDE

(Von einem sündigen Schüler)

Ouch was da bi in einer stat
ein schuler, der so hin trat
uf sundiclichen strazen.
er wolde ungerne lazen
5   sinen willen unvolbracht,
der uf sunde was gedacht,
als er des mochte haben state.

161.162 *umgestellt CD.*
161 und wi *f. CD;* reine] edele *C,*
vil edel *D.*
165 sie] sie do *BC(M).*
166 der²] der *scheint aus den kor-*
rigiert D, den *M.*
167 Noch *B;* tugende *I.*
168 senlihen *D.*
169 vrowe *D.*

XI IABCD(W₁W₂)
Überschriften: Hie kvnde ich vch
ein mere Von einem svntigen
schvlere *BC.* Von einem schu-
ler *D.*
3 svntlicher *A,* svntliche *BC,*
svntlehev *D.*
6 svnden *A.*

eine tugent er da bi hate,
di er selten verlie:
10 vur unser vrouwen bilde er gie,
da viel er uf sine knie,
beide dort und ouch hi;
alle tage daz geschach.
harte lieblich er sprach
15 alda sin Ave Maria.
　　Nu geburte sichz dar na
– als sine viende vientlich
dar uf wol berieten sich,
sie wolden in zu tode erslan;
20 diz liezen sie ouch vollen gan –
daz sie in tot slugen.
nach disen unvugen
was den vrunden leit genuc.
den toden licham man truc
25 sunder messe, sunder recht
als einen unnutzen knecht
und grub in uf dem velde.
mit sulchem widergelde
lonten sie den sunden.
30 den magen und den vrunden
was allen wol von im bekant,
wi sin leben was gewant

85ra

8 er] doch er *A*.
9.12 *fehlen I*.
9 di] Die selbe *BC*, De selben *D*.
11 Da er viel *ABC*, Daz er viel *D*; vffe *I*.
12 und *f. D*.
14 harte] vil *BCD*.
15 Als da *C*.
16 sichz] schir sichs *B*, sichs schir *C*, sich *D*.
17 Daz *ABCD*.

18 beraitten *D*.
19 slan *CD*.
20 vol gan *A*.
21 Wan *ACD(B)*.
22 sinen *BC(D)*.
23 vreuden *D*.
27 grůben *A*, begrvben *BC(D)*; an d. v. *BCD*.
29 Lonte *BCD*; dem *D*.
31 allem *D*.

58

uf al sulche bosheit,
daz im zu rechte was verseit
35   cristenliche bigraft.
daz lut was in den wan behaft,
er were nu in der helle clage.
   Dar nach uber drizic tage
di vrouwe ob allen vrouwen
40   Maria liez beschouwen,
daz si mit helfe dem gestat,
der ir ie icht gedienet hat
in etelicher andacht.
si wisete sich in der nacht
45   eime reinen munche gut
mit allen tugenden wol behut,
der wol in gotes wegen trat.
diz was in der selben stat,
da bi der mensche was begraben.
50   do ir der munch hete entsaben
und si mit sime gruze entpfie,
do sprach di vrouwe: »ir habet alhi
kein mir ein teil missetan,
wand ir minen dienstman
55   uf daz velt habet geleit.
zwischen im und der cristenheit
machet ir ein underscheide.«

33 alle svlche *BC*.
34 ze reht im *B(CD)*; wart *A*.
35 Gotelich b. *A*, Gotliche b. *BC*,
   Gotlihev chraft *D*.
36 Daz levte *BC*, daz wolch *D*;
   dem *BCD*.
37 Iz were *D*.
38 Sehet dar nach *BC(D)*.
39 vber alle *BC(D)*.
40 liezze schowen *D*.

41 dem gestat] den bi gestat *BC*,
   den bistat *D*.
44 si wisete] be wiste *BC(D)*;
   sich] si *D*.
45 Einen *CD*.
46 tugende *D*.
49.50 Da bi der mensche begraben
   wart Do ir der mvnch enstan-
   den hat *B(CD)*.
57 ir] im *BCD*, vnder scheiden
   (: leide) *D*.

do wart dem munche leide:
»sagan, vrouwe min, sagan«,
60 sprach er, »wer ist dirre man?
vrouwe min, daz ist wol recht,
swa wir wizzen dinen knecht,
den sal man durch dich eren
und dran din lob meren
65 in den landen verre hin.«
do sprach di vrouwe wider in:
»ez ist der, der vor drizic tagen
hi zu tode wart erslagen
und dar nach uffez velt geleit.
70 er hete eine gewonheit,
di mir wol von im tet,
daz er dicke sin gebet
sprach vor minem bilde.
da mite in nicht bevilde,
75 er enviele uf sine knie.
mit grozer andacht er sich lie
uf die hende kegen mir.
sin gruz quam wol nach miner gir,
den er mir dicke und dicke bot,
80 e er wurde erslagen tot.
diz saltu beduten
durch gut den andern luten.
sprich, daz man sin schone habe
und uf den kirchhof in grabe.«

85rb

59 min vrowe *BC(D)*.
60 diser *D*.
62 wa *D*.
63 Daz man den durch dich ere
AD(BC).
64 Vnd din lobe dran mere
A(BCD).
67 der² *f. D*; vor] wol *D*.

68 geslagen *BC*.
71 von *f. D*; tete *(: gebete) BC*.
73 minen *C*.
74 im niht gevilde *BCD*.
75 Ern viel *BCD*.
78 groz *D*.
84 frithof *BC(D)*; begrabe *BC*.

60

85 hi mite ir wort ein ende nam.
   Als der vru morgen quam,
der gute man daz lut rief.
manic mensche dar zu lief,
wand er in gentzlich underschiet
90 – als im unse vrouwe riet –
von dem, der uf dem velde lac.
do ez quam uf schonen tac,
die lute giengen an sin grab
und schurren vaste so hin ab
95 di erde untz uf den licham.
ein wunder man alda vernam,
daz ieglich an im wol sach:
do man di laden uf brach,
man vant da eine blumen
100 vrisch uf sime gumen
ligen in sinem munde.
da bi man ouch begunde
an im sine zunge schouwen:
di was so unverhouwen
105 von aller unvlate,
varwe und blut si hate
so vrisch behut vor aller not,
als ob der mensche nie were tot.
des nam sie michel wunder!
110 do pruveten sie dar under,
daz di blume und daz gelit

85va

86 morgen vrů *A*, vro margen *D*.
87 lute *A(BC)*.
90 vnser *ABCD*.
92 vnd do *BCD*; schone *D*.
94 so *f. D*.
99 do *B*; ainen blůmen *A*.
103 zvngen *A*.

104 so] gar *A*.
106 varwe · blvt · *BC*, varbe plute *D*.
110 pruweten *I*, bruðueten *A*, prvften *BC*, prusten *D*.
111 di blume] die blvte *B(C)*, daz plut *D*; daz² *f. AD*.

61

da legen sunder vulen trit,
daz were gar von dem gebete,
daz er mit der zungen hete
115 unser vrouwen erboten.
mit vil erlichen roten
und mit lobes schalle
brachten sie do alle
uf den kirchof den lichamen.
120 in unser lieben vrouwen namen
begruben sie mit werde
in uf gewieter erde
in der cristenheite schrin.
des si gelobet di kunigin!

XII

HILFE IN SEENOT

(Maria gebietet dem Meeressturm)

    Noch sult ir horen hi under
ein harte schone wunder,
wi Maria, di gute,
in lobelicher hute

---

112 lagen *D.*
114 hete] tet *(: gepet) D.*
115 geboten *BCD.*
118 da *D.*
119 Vůr *A;* vrithof *B;* der l. *D.*
120 In vnsers lieben herren *(*herre
D) namen *ACD(B).*

XII IABCD(W$_1$W$_2$)
Überschriften: Ditz ist ein schones

mere Von einem apte lobebere
B. Ditz ist von einem apte
gvt Den vnser vrowe vf dem
mer behvt *C.* Von einem apte
D.
1 Nv *BC(D).*
2 schones *BC(D).*
3 die vil g. *BCD(A).*
4 nobelicher *C.*

62

5 ire vrunt in noten halden kan.
    Ez was ein abt, ein guter man,
der in ein tugentlichez leben
sich mit willen hete ergeben
und des getrulichen pflac.
10 vil nahen im zu herzen lac
Maria, di vrouwe gut.
wort, werc unde mut
in ir liebe er wante,
dar inne er stete brante,
15 wand er ez willekurte.
    Zeimal ez sich geburte,
daz in mit luten genuc
ein schif uber mer truc,
die uf dem wege liden not.
20 ein sturmweter sich in bot
mit sulches windes vlagen,
daz ir genuge lagen,
als ob sie weren tot geslagen.
der sturm begundez schif iagen
25 beide wider unde vort.
daz wazzer lief in den bort
an grozen unden uf erhaben.
sie wanten alle besnaben
von zwivel, als die veigen tunt.
30 der sturm lange ob im stunt
und herte an mit grozer macht.
binnen des in einer nacht

85ᵛᵇ

---

7 ein *f. BCD.*
8 gegeben *BCD.*
9 getruwelichen *I.*
10 nahem *D.*
20 ein] er *D;* in bot] enbot *BC,*
    erpot *D.*
23 gelegen *CD.*

24 daz schiff begvnde *A(BCD).*
    tragē *B,* wegen *(: gelegen) CD.*
26 in den] hin vber *BCD.*
27 In *D.*
28 besvaben *D.*
30 ob in *ABC.*
31 horte *D;* mit] vil *BCD.*
32 inner *D.*

wart daz weter also groz
und gab dem kile sulchen stoz,
35 daz die lute liezen ligen
alle ir dinc und sichs verzigen.
von der unden loufen
dachten sie besoufen
ir leben und daz neigen.
40 sie stunden als die veigen,
die gewis den tot haben.
die hende ieglicher hete erhaben,
da mite er in den himel schrei.
idoch truc ir geschrei entzwei:
45 dirre an Nicolaum,
iener schrei an Petrum,
so rief der an Andream
und der an Katherinam.
ieglicher umme helfe sprach
50 den, an dem er sich versach,
daz er im helfe solde geben,
und den sin wille und sin leben
besunder uz den andern las.
swaz der wazzerheiligen was,
55 die man an rufet uf dem mer,
den wart nach helflicher ger
vil gelubdes getan.
    Do der abt, der gute man,
di zwitracht gehorte,
60 di an der lute worte

36 Allez *AD*; sichz *I*.
38 besoufften *(: louffen) A*;
  Dachte *I*.
40 taten *BCD*.
41 Die man vor tode mochte
  laben *D*.

42 ir ieglicher *BC(D)*.
47 an *f. AB*.
51 Vnd daz *C*.
53 Besvndern *BCD*.
54 waz *C(D)*; heilen *D*.
55 man da rvfet an *BC(D)*.

an manigen heiligen bat,
mitten in daz schif er trat:
»o«, sprach er, »lieben lute,
vernemt, waz ich uch dute:
65 ez ist gut, daz ir tut,
idoch tut ein bezzer gut;
sit daz wir von den heiligen roten
zu gote wollen senden boten,
die unser leben vesten,
70 so sul wir nemen den besten,
der gotes willen neiget,
daz er balde uns zeiget
siner barmunge willen
und let daz wazzer stillen,
75 daz mit so grozer unde
uf uns durch unser sunde
an disme sturme ist gesant.
wol wir di not han volant,
so sul wir alle schrien
80 an gotes muter Marien,
di durch uns den namen treit
muter der barmherzekeit:
di ist uns ein gewisser bote
nach helfe zu dem guten gote
85 und mac wol semften unser not.«
daz volc sich do gemeinlich bot
an di edeln gotes brut.

86ra

61 Da an *BC*, Do an *D*.
62 er trat] getrat *BCD*.
64 bedûte *A*.
66 Idoch so tût *A(BCD)*; bezzers *BC(D)*.
67 daz *f. BCD*.
70 well wir *A*, welle wir *BC(D)*; die besten *IA*.

72 So daz er balde zeiget *B(CD)*; vns balde *A*.
77 genant *BCD*.
78 haben die not *BCD*.
79 alle] an *BC*.
84 zu] gegen *B*, gein *C*, hintz *D*; liben *D*.
86 sich] sei *D*; da *BCD*.

65

        sie schrieten alle uberlut
        nach helfe di vrouwen an.
90   als des nicht lange was ergan,
        secht, do liez aber schouwen
        di vrouwe ob allen vrouwen,
        daz ir helfe ist gereit
        den, die mit innekeit
95   si getrulichen loben.
        uf dem maste dar enboben
        ein vakeln liecht so schone quam,
        daz di trube gar benam,
        di sich e ob dem schiffe truc.
100   vil witen sich al umme sluc
        daz liecht von dem maste.
        bi disme schonen glaste
        gesahen sie nu alle wol.
        des wart ir herze vreuden vol!
105   die grozen sturmwinde,
        die e mit voller swinde
        uf dem schiffe lagen,   86rb
        und der unden vlagen
        begunden sich wol neigen.
110   die vorchtigen, die veigen
        wurden erquicket und vro.
        vil linde wart ir weter do,
        und als der morgen uf trat,
        do quam daz schif an daz stat,
115   da hin ir wille was gewant.

88 schreien *D.*

89 vnser vrowen *A.*

90 getan *ABCD.*

93 berait *A.*

96 den *D;* mastbovm *B(CD);*
dar oben *BC(D).*

102 Bi sinem *A,* Die sinem *BC,* die

seinen *D;* schonem *BC.*

103.104 *umgestellt D.*

105 grozze *D.*

106 e] vor *ABCD;* grozer *BC(D).*

108 dar vnden *A.*

109 wol] do *A, f. BCD.*

110 die² *f. BCD.*

66

vurwar wart in do bekant,
daz sie in cleiner wile
manige starke mile
gerichte waren zu bekumen.
120 des libes und des gutes vrumen
dancten sie der vrouwen gut,
wand sie waren wol behut
von ir, als offenlich wart schin.
des si gelobet di kunigin!

XIII

DAS MARIENBILD
IN KONSTANTINOPEL

Allein ez eische daz recht,
daz ein ieglich gotes knecht
si alle zit gebunden
und ouch in allen stunden
5 dar zu, daz er Marien lobe,
idoch sal er behalden drobe
den sunnabent al besunder
durch ein schone wunder,
daz ist in einer stat alda
10 Constantinopolitana,

116 erkant *ABC(D)*.
118 So manige *BC(D)*.
119 kvmen *BC(D)*.
120 gveten *D*.

XIII   IABCD(PrSt)
Überschriften: Hie ist ein schones
    wunder Von vnser vrowen
bilde besvnd` *B.* Hie ist ein
hvbschez wunder Von vnser
vrowen besvnder *C.* Von dem
    Samtztage *D.*
1 rechte *(: knechte) A.*
5 daz er] der *BCD.*
7 alle besvnder *BC.*
8 schones *D.*

also ist si genant.
sie machent werlich bekant,
die gewesen sind da bi,
daz ein munster alda si
15 gewiet in unser vrouwen namen.
nach der vrouwen lobesamen
dar in ein bilde ist gesat
so offenbar an eine stat,
daz die man und die vrouwen
20 daz bilde mugen schouwen,
swenne ez in wirt gewiset bloz.
si hat daz kint in der schoz,
als ez der meister wolde.
von varwe und von golde
25 ist dran geleit michel ruch.
ein edel breit sidin tuch
vor dem bilde hanget.
niman daz erlanget,
der ez turre grifen an
30 und icht gezien so hin dan
oder muge beschouwen
daz bilde unser vrouwen,
dan als di stunde gelit,
daz sichz selbe schouwen git:
35 vritages nach der none,
als di sunne schone
sich neiget an ir underganc
und man hebet den gesanc,

86va

11 Ir name ist also genant *ABC(D)*.
12 machet *BCD*; erkant *ABC(D)*.
19 mane *BC*.
22 ir schoz *ABC(D)*,
26 edel *f. BCD*.
29 Daz Der ez *BC*, Daz er ez *D*; getürre *A*.
30 vnd iz icht *BC(D)*; geziehet *D*.
33 Danne *A*, Denne *BC*; geleit (: geit *BC*, leit *D*) *BCD*.
34 ez sich *D*; selben *D*; git] leit *D*.
35 Des vr. *BCD(A)*.
38 sanc *D*.

68

daz unser vrouwen vesper ist,
40 zuhant in der selben vrist
pflit sich daz tuch uf erheben.
dikein mensche kan entseben,
wer ez zie und wer ez halde.
ane allerhande valde
45 ez von im selber uf get.
daz bilde also bloz stet,
so mac ez schouwen, wer da wil,
wand ez stet bloz ein langez zil
untz uf den sunnabent hin.
50 an der vesper begin,
di da horet an den suntac,
zuhant man aber schouwen mac,
wi sich daz tuch nider let
und daz bilde uber vet,
55 bedecket und behullet,
untz sich di woche ervullet,
daz der vritac ist kumen,
so wirt daz tuch uf genumen
untz an den sunnabent sider;
60 nach none let ez sich dar nider.
   Hi sal man schouwen inne,
wi di kuniginne
durch daz selbe wunder
den sunnabent besunder
65 von uns wil geeret wesen.
swer ewiclichen wil genesen

42 kein *BC(D)*; ersehen *(: er
heben) BC*, entheben *D*.
43 oder *BC(D)*.
44 an *BCD*; varbe valde *C*,
varbe valde *D*.
45 selben *BCD*.
47 swer *BC*.
48 Swan *C*.

51 gehoret *D*; svnnentac *A*.
54 waet *D*.
55 Gedenket *BC*; behuldet
(: enfullet) D.
56 enfullet *D*.
60 daz nider *D*.
63 daz *f. A*.
66 ewiclich *ABC(D)*.

und dort di vrouwe schouwen,
der habe ot lieb di vrouwen
und wende ir dienstlichen mut.
70 o ia ist si also gut,
daz ir unmazen wol tut,
als wir von ir sin behut
und uns in iren dienst zien.
swer allem leide wil entvlien
75 und in alle vreude kumen,
deswar dem mac si wol gevrumen
mit irre schoz der mildekeit.
si ist ein wec der sicherheit
und ein gewis leitestern.
80 si ist grozer suze ein kern.
di himelkeiserinne vri
ist iren vrunden stete bi
in noten, daz wol vuge hat.
uf gantze helfe get ir rat.
85 si kan die vrunt bedenken
und ir herze trenken
mit liebe und ervuchten.
si kan den sin erluchten
an hitze grozer tugende schin.
90 des si gelobet di kunigin!

67 vrowen *ABCD*.
68 ot *f. D*; vnser vr. *BCD*.
70 eya ist si *D*.
74 allem] allaine *A(BC)*, alayn
    D.

76 zwar *D*.
79 gewis ain l. *A*.
82 stete] gerne *ABC(D)*.
88 sinne *BC*.
89 tugent *D*.

XIV

DER TEUFEL ALS KÄMMERER

Noch sult ir horen vurbaz,
wi daz genaden riche vaz,
Maria, di vil gute,
di edele, wol gemute,
5 genade al vol guzet
(des si nicht verdruzet)
allen den, die iren namen,
den erlichen lobesamen,
getrulichen nennen
10 und si da vur erkennen,
daz si wil helfen unde mac.
  Ez was ein ritter, der pflac,
als noch manic arm ritter pflit,
uf dem groz gesinde lit,
15 der nicht groze gulde hat
und doch nicht gerne abe lat,
er enwolle grozlichen leben
und stete in dem vollen sweben;
des muz er dicke reisen
20 uf witewen und uf weisen,
den er ist vil bitter.

87ra

XIV IABCD(Pr)
Überschriften: Hie hebet sich ein mer an Von einem Ritter wol getan *B*. Hie hebet sich ein mere an Von einem ritter vreissam *C*. Von einem Ritter *D*.
2 gnad reich *D*.
4 vnd wolgemuet *D*.
5 an wol *BC*, wol an *D*.

12 der] vnd *D*.
13 manic arm] maniger *D*; armer *BC*.
14 grozzes *D*.
15 grazzez gult *D*.
16 abe *f. I.*
17 enwelle *A*, welle *BC*; Ern welle *D*; grozlich *BC(D)*.
18 in dem vollen stete *BC(D)*.
21 Denne *C*.

alsus was der ritter
zur werlde gar vermezzen
uf einer burc gesezzen,
25 an gesinde uberladen,
da mite er tet grozen schaden
uf walden und uf strazen.
swaz ir dar umme sazen,
den was er leider nachgebur
30 und ein also herter schur,
daz sie musten swachen.
bi alle disen sachen
so hete er eine groze tugent
an im geheget von der iugent,
35 di im zu vreuden uz ergie:
nimmer einen tac er lie,
er engruzte ie mit lobe
gotes muter, und dar obe
viel er nider an die knie
40 entweder dort oder hi,
»Ave Maria« er sprach.
swi vil man in bekummert sach,
so ennam di unmuze
in nimmer von dem gruze,
45 wand er dar inne stete bleib.
da bi er vil ubels treib
und was stete ouch dar an.

26 vil grozen *BC(A)*.
27.28 *umgestellt D.*
29 Dem *BC*; leit nachtgebavre
  B(C), ein laid nachgepawer *D.*
30 also *f. D.*
31 sie gar *BC(AD).*
32 In allen *BCD.*
34 gehabt *D.*
35 vreud *D.*

36 dhain *D*; erlie *BC.*
37 Ern grvzte *B(C)*, Er gruezt *D*;
  ie *f. BCD.*
39 vf *BC(D).*
43 en nam *BC*, nam *D*; in d. u.
  AD, im d. u. *BC.*
44 in *f. ABCD*; von der gruez *D.*
46 er doch *ABCD.*
47 ovch stete *BC(D).*

72

Zeimal solde ein guter man,
ein munch ane sunden vlec,
50 wandern vur di burc den wec,
als im do geburte.
ir gewonheit zu schurte,
die uf dem velde lagen
und des amtes pflagen,
55 struten unde luden.
hin nider uz den buden
liefen do die knappen.
sie namen im di kappen
und swaz sie mochten im genemen.
60 beide vurchten und schemen
was in gentzlich entgan.
do bat sie der gute man,
daz sie gotes gedechten
so vil und in brechten
65 vur iren herren. diz geschach.
der gute man do zu im sprach,
swi sie ez heten gar vur spot:
»herre, tu ez nu durch got
und gewere mich einer bete:
70 gebut, daz her vur mich trete
allez din gesinde,

87rb

48 ze ainem mal *D.*

49 an *D.*

50 wandern] wan er *D.*

51 da *BCD.*

55 Riten *BCD;* luden] ravbten
B(C); raupten sa *(:* stauden
da*) D.*

56 buden] stavden *B,* stvden *C,*
stauden da *D.*

57 die *f. BC.*

59 im] nv *BCD.*

61 im *C.*

62 dirre *ABC,* diser *D;* gvt *BC,*
gveter *D.*

64 in doch br. *ABCD.*

65 ir *BC(D).*

66 gvet man *D;* do zu im] zem
herren *BC(A),* zv dem herren
D.

67 verspot *D.*

69.70 *fehlen CD.*

69 aine bete *A,* einer gebet
(: tret*) B.*

73

swaz man des indert vinde
uf dirre burc under dir.
sprich, daz sie gehoren mir,
75 ich wil von gote ein teil in sagen.«
dem herren wart ez wol behagen,
er sprach: »din wille sal geschehen,
ich wil gerne hi besehen,
ob du icht schaffes gutes vrumen.«
80 do hiez er drate vur sich kumen
allez daz da was gesamt,
bekummert oder sunder amt.
do daz gesinde vernam
des herren wort, zuhant ez quam
85 gesamt vur den munch hin.
sin durchsichtic heilic sin
ensach nicht, den er iagete.
zume herren er do sagete:
»sie ensint nicht kumen alle.
90 ob ez dir wol gevalle,
so laz der knechte nemen war«.
do sprach gemeinlich di schar:
»deswar du tust uns unrecht!
ieglichen unsers herren knecht
95 machtu schouwen alhi stan.«
do sprach zu in der gute man:
»ey, nu habet ez nicht vur spot!

72 swa D; des] der C.
73 diser D.
79 gvten C(D).
80 Sus AD(BC); vur f. D.
81 do BC; gesant (: ampt) D.
82 be kvmber B.
83 Als ABCD.
84 ez quam] erqvam BC.
85 múnich A(C), chvnich D.
86 sichtic f. D.

87 Sach D.
89 Si sint D.
91 nemen d. kn. ABCD; nemen
   f. I; den chnecht D.
92 die gemeinlich schar BC(D).
93 Zwar D.
94 Iglich BC(D).
96 gvet D.
97 Eya habet es A(BCD); verspot
   B, furspot D.

74

get, suchet durch den richen got,
wand hi gebrichet etewes.«
100 do rief zu im under des
alsus ir einer von der schar:
»ia werlichen, du hast war:
der kemerer mines herren
machet uns disen werren,
105 wand er sich heimlich hat behut.«
»ia«, sprach der munch gut,
»der ist ez, den ich wolde haben.«
als des der herre hete entsaben,
er hiez in drate brengen.
110 der kemerer wart do lengen
den wec, wand er ungerne quam,
als im do wol gezam.
idoch wart er bracht zur rote.
do er den guten munch in gote
115 under ougen gesach,
uber rucke er sich brach,
daz er ein teil besit weich.
sin antlitze wart im bleich,
daz gesichte er verkarte,
120 sin houbt also gebarte
als eime, der nicht sinne hat
und enweiz, wi er gat.
do sprach der gute man zu im:
»hore mich, knappe, und vernim:

99 enpristet *D*; etwes *B*, entwes
D.
101 ir *f. ABCD*.
108 des *f. D*; entstan *(:* han*) BC*,
erstan *(:* han*) D*.
110 da *C*.
112 do *f. D*; wol] billich *ABC(D)*.
113 wart] do wart *BC(D)*; zer rote
A, ze rote *BCD*.

115 Vnder div ougen *A*; ovch g.
BC(D).
117 Daz] Da *A*, Do *BCD*; besiten
ABCD.
120 houbt] antlvtze *C(D)*.
121 einer *D*; sinnen *BC*.
122 entwaiz *A*.
123 gvet *D*.

75

125 du salt dich billich vor mir schamen.
ich gebiete in Iesu Cristi namen,
dem ich bin gehorsam,
daz du mir nu sist alsam
alhi an disen sachen!
130 du salt uns kunt machen
offenlich, du schanden vaz,
waz du sist und durch waz
du hi so lange sist bliben
und waz du woldest han getriben,
135 daz saltu gar uns wizzen lan!«
als diz gesprach der gute man,
der kemerer di rede wac
so ho, daz er ir erschrac
und si in grobelich mute.
140 als ein vie er lute
an engestlicher stime.
er schrei in eime grimme
uberlut vil sere:
»wafen immer mere,
145 daz dich din wec ie her getruc!
ich bin gebunden so genuc
von dir, daz ich den luten
muz alhi beduten,
waz ich bin und waz ich iage.
150 owe, swan ich daz gesage,
da han ich nicht gewinnes an!

87vb

<table>
<tr><td>125 vor mich I.</td><td>138 ier gar D.</td></tr>
<tr><td>128 mir nv sist A, mir seist (sist C)
nv B(CD).</td><td>139 graeulich A, groblich BC,
grozleich D; im D.</td></tr>
<tr><td>129 in d. s. ABCD.</td><td>140 erlute D.</td></tr>
<tr><td>132 seist BCD.</td><td>143 vollen sere ABCD.</td></tr>
<tr><td>133 Dv sist so lange hie bliben
BC(D).</td><td>146 also A.</td></tr>
<tr><td></td><td>150 sage D.</td></tr>
<tr><td>134 vertriben BC.</td><td>151 Do D.</td></tr>
<tr><td>136 geschach A; gvet D.</td><td></td></tr>
</table>

76

ich bin ein tuvel – nicht ein man –
in eines menschen bilde.
ich mich alhi verwilde
155 und bin gewesen al vurwar
bi dem ritter vierzehen iar,
als er ouch wol selber weiz.
sines dienstes ich mich vleiz,
wand ez mir geboten was.
160 unse meister Sathanas
hat mich zu im da her gesant,
wand er mit sunden ist geblant,
der er vil und vil begat.
eine tugent er an im hat,
165 di er let an im schouwen,
wand er di grozen vrouwen
gruzen pflit alle tage.
daz ist mir von im ein clage
und ein alzu herte leit,
170 daz er der gewonheit
so stete sich hat an genumen.
ich bin also zu im kumen:
an welchem tage ez were,
daz er den gruz verbere,
175 des er pflit der vrouwen,
so solde ich im verhouwen

155 alfurbaz (: iar) D.
156 viertzichē D.
157 wol f. BCD; selben D.
158 Siner dienste C(D).
160 Vnser ABCD.
161 da f. D.
165 Als er let dicke (ofte BCD) schowen AB(CD); lest C, lazzet D.
167.168 Grv̊zzen alle tage Phligt · Daz ist mir von im ein groze clage B(C).
168 ist f. D; ain grozze cl. A.
169 also D; grozez B(D), groze C.
170 die g. BCD.
172 zu im f. D.
173 swelhem AD(BC); daz D.
175 Daz er BCD; pfligt B(C), sprichet D.
176 in BC.

sin leben und erwurgen in.
nu sint die iar alle hin,
daz er nie liez einen tac
180 (als ich leider sprechen mac)
er enviele an den gruz.
hi von – als ich bekennen muz,
swi ez mir sal werden arc –
so wart er kein mir also starc,
185 daz ich mit leide im nicht enquam.«
      Do sus der ritter vernam,
wer dirre was und wes er pflac,   88ra
so sere im sin herze erschrac,
daz er wenic weste,
190 welch im was daz beste.
idoch do er sich versan,
er viel vur den guten man
langes an di erde.
»hilf, herre, daz ich werde«,
195 sprach er, »des argen wichtes vri!
min leben si ouch swi ez si,
ich wil nach dinem rate
mich enprechen drate
von dem armen lebene,
200 in dem ich so unebene
alzu lange bin bestan.«
do sprach der munch, der gute man:
»o boser kemerere,

177 in *f. D.*
181 Er an vienge den grvez *D*; an
    den] einen *BC.*
185 Daz ich vor leide ser erquam
    D; im *f. BC.*
187 diser *D.*
189 vil wenik *B(CD).*

190 Welchs *A*, welchez *B*, welches
    C(D); were *BCD.*
193 Lenges *BC*, Die lenge *D.*
196 wie *BCD*; si ouch] so auch *D.*
201 gestan *A.*
202 gvt *D.*
203 O dv boeser *B(C)*, Ey du poser
    D.

78

valsch und ungewere!
205 in dem namen Iesu Cristi
sal dise burc din wesen vri!
vare hin, du boser geist,
mit diner argen volleist
in den ewigen haz!
210 dir si verboten vurbaz,
daz du immer turrest kumen
zu des menschen unvrumen,
daz da pflit schrien
nach helfe an Marien.
215 mit dinen vientlichen schaden
sal ez gar sin unverladen
durch di edeln vrouwen gut,
di mit rechter demut
ir truwe dar uf hat gewant.«
220 Der kemerer do verswant,
daz sin niman wart gewar.
der herre und daz gesinde gar
bezzerten sich sere.
nach des munches lere
225 wandelte ieglich sin leben.
do wurden wider ouch gegeben
dem guten manne sine cleit.
mit tugentlicher arbeit
hete er sie verdienet wol.
230 er was ouch grozer vreuden vol,
wand der arge Sathanas

88rb

---

205 namen *f. C.*
211 getûrrest immer *A(BCD).*
213 ze schrien *AD.*
214 nach] an *BCD.*
215 dinem *I.*
216 ez] er *ABCD.*
219 hant *D.*

220 Seht wa der kamerer verswant
A(BCD); wo *BC.*
223 si sich *A.*
224 disses *A,* dises *BCD.*
225 Wandert *BCD;* ieglichez *BC,*
igleiher *D.*

79

uf der burc geschant was.
sus quam er zu den brudern sin.
des si gelobet di kunigin!

XV

DIE AVE MARIA-LILIE

(Von einem Edelmann)

 Zu der werlde edel ein man
al sulchen willen gewan,
daz er durch got wolde leben
reine unde sich begeben.
5 dirre wille vollen gienc:
den grawen orden er entpfienc
in dem clostere Cytes.
die munche sich versunnen des,
daz dem edeln herren gut
10 nicht vugete ein sulche demut,
daz er ein convers were.
do was in ouch daz swere,
daz er were in der pfafheit,
wand im gentzlich was verseit

232 geschendet *I*.

XV I ABCDE
Überschriften: Hie hebt sich ein
schones mer an Von einem
edelen manne san *B*. Hier nach
hebet sich danne Ein mer · von
einem edelen manne *C*. Von
einem edlen man · der sich be-
gabe *D*.

1 ein edel man *BCDE(A)*.
2 also hohen willen *E*; al *f. D*.
5 Diser *D*; willen *DE*.
6 den *f. D*.
8 versavmen *D*.
10 ein solher mvet *D*.
12 do] Da *I*, daz *E*.
14 was *f. E*; geseit *BC*.

80

15 alle pfefliche kunst.
der gute man was in der brunst,
daz er nicht enachte,
swaz man uz im machte.
die pfaffen wurden des inein,
20 er solde wesen ir gemein
und noch di schrift leren.
alsus wolden sie eren
sine angeborne edelkeit.
im wart di schrift vur geleit
25 und ein meister gegeben.
so was er vor al sin leben
in ritters wis worden alt,
und was der sin in im kalt
zu dirre nuwen lere.
30 an manigerhande kere
sin meister im do vor las,
daz um sust doch an im was,
wand in di kunst nicht entraf.
alle die sinne im waren slaf,
35 der er zur kunst nicht enwielt;
niwan die zwei wort er behielt:
»Ave Maria«, – und nicht me!　　　88va
swi ez im selber tete we,
so wolde ot nicht di kunst in in.

16 guet E.
17 nicht vil achte ACD(BE).
18 Waz ACD(BE).
20 irre C.
22 also E; si wolden AD(BC); in eren E.
24 wart] was BCD, f. E.
26 so was er vor] ez waz vor D; alle AE, allez BCD.
27 In ritter wis A.
29 In diser D.
31 Ein m. D; da ABCD.
32 an im doch A.
34 Die sinne waren im alle (also BC, so D) slaf ABCD.
35 Der kvnst zv niht enwielt B(C); Daz er der chvnst D.
36 nicht wan D, newr E.
37 nicht me] niht behielt me BC.
38 er D; selben BCD, selbe E.
39 ot] auch E.

81

40 diz ergreif sin herter sin,
daz ouch als mit buchstaben
im in sin herze was ergraben.
»Ave Maria« sprach er ie,
swaz er tet und swa er gie,
45 so sprach er ie die zwei wort.
        Got, aller selden ein volbort
und rechter tugende ein minne,
liez der herten sinne
den ritter nicht entgelden.
50 er wolde im wol vergelden
di werlt, di er durch in lie.
er starb und wart begraben.
dar nach schiere wart entsaben
55 eines zeichens dar an;
den brudern kunt wart getan,
wi im vergolden was sin habe:
ein lilie wuchs uz sime grabe,
di uf an schonen blumen trat;
60 an ein ieglichez blat
was von goltbuchstaben
»Ave Maria« erhaben!
des nam die brudere wunder
und gruben al hin under.
65 do sie quamen uf den grunt,

40 Daz *A*; begraif *E*.
41 allz *A*, al *BCD*, alles *E*.
42 im *f. E*; was] wart *AE, f. BC*.
44 od⁴ *D*.
45 Do *D*.
46 vollez bort *D*.
47 rechter *f. E*; tvgent *D*.
48 herter *BCD*.
50 ern wolt *D*; der wolde *E*.
54 wart vil schiere *A(BCDE)*; er-
haben *BCD*.

58 lilien *E*.
59 uf] auch *D*.
60 einem *D*, ein *f. E*; ieglichs *A*,
igleihem *D(E)*.
61 golde b. *BCE*, guldein b. *D*.
62 wol erhaben *ABCD*, wol er-
graben *E*.
64 alle *BCE*.
65 Vntz sie do qvamen *BC*, Vntz
si chomen *D*, Do si chomen *E*.

sie sahen im in sinen munt.
do was di wurz der blumen
entsprungen uf dem gumen
in des menschen munde.
70 ieglicher do begunde
wunder alda schouwen
und Marien, der vrouwen,
danken dirre grozen gift
und der wunderlichen stift,
75 dar an si wisete iren knecht.
»eya«, sprachen sie, »nu secht!
ez ist uns offenlich wol kunt,
daz er von alles herzen grunt
sprach mit grozer innekeit
80 der zweier worte reinekeit,
dar an er tet daz beste
und mit willen veste
wolde an der vrouwen liebe sin.«
des si gelobet di kunigin!

88vb

67 wurtze *A*; der wurcz *E*.
68 vz d. g. *A*.
71 Groz wunder *BC(D)*.
72 und *f. D*.
73 Danchten *BD(C)*; diser gveten *D*.
75.76 *umgestellt BCD*.
75 wiste *BC*, west *D*, weist *E*.

76 eya] Sus *A*, ey *E*.
77 uns *f. BCDE*; offenlichen *BC(D)*; wol *f. E*.
79 innerchait *E*.
80 vnd stet dar an was berait *E*.
82 mit ganczem willen *E*.
83 Wolde er *I*; an der lieben vrowen *E*; vrowe *D*.

83

MARIA RETTET EINEN MALER

(Der Maler und der Teufel)

    Ein meler hete scharfen sin
uf sin amt durch gewin,
dar abe er erlich sich betruc.
den sin er vesticlichen sluc
5 mit liebe uf unse vrouwen.
daz liez er dicke schouwen
an tugenden, mit den er ranc.
    Nu malte er einen ummehanc,
dar an sich im geburte,
10 als daz recht willekurte,
di kunigin, di milde,
und ouch des tuvels bilde
nach der materien ummesweif.
der meler an di kunst greif:
15 mit vlize an allem sinne
malte er di kuniginne,
so er best immer kunde.
dar nach er begunde

XVI IABCDE
Überschriften: Ditz mere ist schone vnde gewer Von einem stolzen maler *B.* Ditz ist von einem molere Ein vil schones mere *C.* Von einem Maler *D.* Daz ist von einem maler *E.*
1 der het *A.*
2 uf] vnd *BCD*; sein werch *E.*
3 Da von *E*; hertleich *D.*
4 Den sinne *C*, die sinne *D*;
vesticlichen er *C*; er *f. B*;
vestleichen *E.*
5 uf *f. A*; vnser *ABCDE.*
6 er *f. BC.*
9 im *f. I.*
10 als] alles *E*; rehte *B(C).*
11 di² *f. D.*
15 in a. s. *ABCDE*; allen sinne (: chvniginnen) *D.*
17 immer *f. D.*
18 Vnd dar *ACDE(B)*; nach *f. D.*

den tuvel ouch durchstrichen;
20 er liez im nicht entwichen,
swaz er kunst mochte haben,
untz er der forme hete entsaben
uf daz hoeste ungestalt.
des wart der tuvel harte balt
25 vor zorn, als sin erge in twanc.
vur den selben ummehanc
quam er zu dem guten man.
»ey«, sprach er, »nu sage an,
daz wolde ich gerne wizzen:
30 durch waz bistu vervlizzen
uf der vrouwen bilde,
daz du mit schoner milde
si malest also vliziclich
und also ungestellet mich
35 malest, als ich wol sprechen mac?«
der gute man ein teil erschrac,
idoch ermannete er drate.
zu kegen der unvlate
vil smelichen er do sprach:
40 »deswar du bist also swach,

89ra

19 teufen *D*; vch *B*; vnd ovch *C*;
vz strichen *ABC(D)*, durch *f.*
E.
21 machte *D.*
22 di forme *D*; entstan *(: han)*
BCD.
23 Auf die hohsten *E.*
24 ouch so balt *A(E)*, also balt
BC(D).
25 in sein erge *E.*
26 Daz er fvr den vmbe hanch
B(ACDE).
27 er *f. ABCDE.*
28 Eya *ABCD*; nu *f. E.*

29 wil *E.*
30 gevlizzen *CDE.*
32 daz du so schon vnd milde *E.*
33 si *f. E*; machest *I*; vleizch-
leich *E.*
34 vngestalt *BCDE.*
35 Mich malest *D*; als] daz *ADE*,
also daz *BC.*
36 gvet *D(E).*
38 zu *f. E*; dem vnflate *E.*
39 vil *f. D*; smaehiclichen *A*,
sinneclichen *BC(D)*, smech-
leich *E.*
40 zwar *D*, da ist war *E.*

85

so bose und so eislich,
kunde ich noch wirs gemalen dich,
daz iesche an dir daz recht wol!
so ist min vrouwe tugende vol,
45   also schone und also gut,
daz si mit aller kunst min mut
sal malen uf daz beste.
ob ich icht schoners weste,
dan ich gemalet han alhi,
50   daz wolde ich legen noch an si
durch ir wirdiclichez loben.«
der tuvel wolde mit im toben
und in werfen her dan.
secht, do wart der gute man
55   an unse vrouwen schrien!
daz bilde von Marien
vor im an des tuches want
racte im hin di rechten hant
und enthielt in enpor.
60   do vloch der tuvel balde vor
und liez den man an vride sin.
des si gelobet di kunigin!

42 noch] wol *D*.

43 Daz zem an *(an f. D)* dir zv rehte wol *B(CD)*; rehte *A*; wol *f. E*.

44 tugende vol] geslecht *(: recht) E*.

46 mut] gvt *BC*.

47 sal] So *BC*.

48 noch weste *CD*.

49 Danne *E(A)*, Daz *BCD*.

51 ir] ains *E*.

53 so hin dan *BCD*.

54 wart] began *A*, begonde *BC*, begvnt *D(E)*; guet *E*.

55 vnser *ABCDE*.

58 Recte *A*, racht *D*, raicht *E*.

59 wol enpor *BCDE(A)*.

61 an] in *ABCD*, mit *E*; vreuden *A*.

86

DIE GESCHWÄTZIGEN MÖNCHE

(Die Mönche und der Teufel)

  Ein closterhof so wite was,
  daz beide boum unde gras
  dar inne stunden genuc,
  wand sich verre al umme sluc
5 sin ummerinc und sin ganc.
  ein vlutic wazzer nam den ganc
  durch den hof al in miten.
  dar abe nach gewenten siten
  die lute lust entpfiengen.
10   Ein teil munche giengen
  durch ir lust so hin zu
  eines morgens alzu vru
  und stunden bi des wazzers louf.
  sie gaben couf unde couf,
15 schimpfrede unde itele wort,
  der von in vil wart gehort,
  daz in der zit nicht hete vuc.   89rb
  di wile sich diz wechsel truc

XVII IABCDE
Überschriften: Ditz ist ein mere
 vnd ein wūdˢ Daz die tevfel
 einē brobst fvrtē besv̄dˢ B.
 Ditz mere sag ich dvrch wun-
 der Wie die tevfel einen brobst
 fvrten besvndˢ C. Von Mvni-
 chen D. Daz ist von den tie-
 feln E.
1 witib D, reich E.
2 boum] blůmen A(BCD).
4 verre *f. E.*

6 vluchtich D(E).
7 al miten BC(D).
8 abe *f. E.*
11 Durch die gelust hin zue E.
12 alzu] vil E.
14 unde] vmbe BCD.
15 unde] vmb ABCD; itel
 ABCD(E).
16 den von in E; wart vil E.
17 Der A; hete *f.* BC; was nicht
 fuk D.
18 der wechsel E; sluc I.

an vil iteln worten,
20   die munche alle horten
ein schif daz wazzer uf kumen.
als sie heten vernumen
offenlich den ruder slac,
ein teil ir ieglich erschrac
25   und vrageten sa der mere,
wer dar inne were.
»wir sin tuvele«, sprachen sie,
»und vuren des menschen sele hi,
der dort zu sente Gallen
30   prabest was ob in allen
und zu eime houbte gesat,
wand er nach unsen willen trat
in der sunden haken.«
die munche sere erschraken!
35   sie begunden alle schrien
nach helfe an Marien:
»sente Maria, nu hilf uns!«
sie liefen von des baches runs,
daz sie icht arges griffe.
40   die tuvele in dem schiffe
schrieten nach in uf ir vart:
»deswar ir habet uch wol bewart,
daz ir riefet di vrouwen an!

19 an] Vnd *D.*
22 Vnd als *ACDE(B).*
23 der *D.*
24 ir ein tail vil ser erschrach *E;*
teil *f. I;* ieglicher *BC(D).*
25 vragete *A;* sa] sie *BC, f. D,*
do *E.*
30 Probest *AC(BDE).*
32 vnserm *ABCDE.*
35 allen *I.*

38 sie] Vnd *ACDE(B).*
39 chain arche begriffe *E;* da be-
grife *D.*
41 Schrien *D,* Schrieren *E;* in *f. D;*
vf die vart *A(E),* vf der vart
BC(D).
42 zwar *D,* da ist war *E;* gewart
E.
43 ir nv riefet *A;* rueffet *D,*
ruefte *E.*

88

enwere des selben nicht getan,
45 so hete wir uch ertrenket
und in den grunt versenket,
wand ir wilde munche sit
und alhi uz der rechten zit
kegen des ordens gebot
50 tribet itelichen spot
und dar zu unnutze wort,
dar an mit valsche ir sit bekort
durch des herzen itelkeit.«
als sie daz heten vollen seit,
55 do vuren sie ir straze.
die munche hielden maze
von sulcher rede in sulcher zit,
der man zu unrechte pflit.
gotes muter dancten sie,   89va
60 di in ir truwe bot alhi
und wart in rechter not in schin.
des si gelobet di kunigin!

44 vnd hiet ir des nicht getan *E*;
   wer *BCD*.
45 heten *A*, het *D*, hiet *E*.
50 eiteln *E*.
51 vnnucz wart (: bechort) *E*.
52 dar an ir seit valsch bechort *E*;
   v̊kort *A*.

54 des *E*; volle *D*.
55 Da *BCE*.
58 vnrechter *D*.
60 die in erbot ir trewe alhie *E*.
61 Als da in rechter not wart
   schin *A(BCDE)*; do *BC*, die *D*.

XVIII

DREI ÄPFEL ZUR WARNUNG

(Ein Ritter wird Einsiedler)

    Zur werlde was ein guter man,
der mit vlize began
trachten uf di itelkeit,
als di cranke werlt treit,
5 daz si nimannes schonet,
glich in allen lonet,
den richen und den armen.
ane allerhande erbarmen
ist ir lon der herte val
10 in den tot hin zu tal,
ez ge dar nach ouch swi ez ge.
dem guten manne tet vil we,
daz maniger ir getruwete
und uf di werlt buwete,
15 als er immer solde leben.
der gute man wolde ergeben
sich von der werlde und bewarn.
den willen liez er vollen varn
und vur in eine wuste,
20 uf daz er alda muste
in der einote run
und mit im sinen willen tun

XVIII IABCD
Überschriften: Ditz ist ein schones
    mere Von einem Ritter lobe-
    bere *B.* Ditz ist von einem
    Ritter gvt Der lip vnd sele
    wol behvt *C.* Von einem rit-
    ter *D.*
1 Zewerlde *D.*

4 arme w. *BCD(A).*
8 an *BCD.*
9 hartest *BCD.*
11 ouch *vor* ge *BCD;* dor noch *D.*
15 Als ob *ABCD.*
16 Dirre man *ABC,* diser man *D;*
    geben *D.*

an wachen, vasten, an gebete.
zur werlde er vil gutes hete,
25 wand er was riche ein ritter.
diz wart im allez bitter
beide herschaft und gut;
durch got wolde er armut
hi uf erden liden
30 und gar di lust vermiden,
swaz ir di werlt schenken pflit.
er was in der ersten zit
vil heiz, als man ouch hute
vindet manige lute,
35 die zum ersten brinnen
wol veste in gotes minnen
durch der consciencien tur,
di sie wol berigeln vur
und an der wite mazen
40 und nicht da durch lazen,
sie enwollen ez e reinen.
des mugen sie wol weinen,
wand in ist suze di vlut.
gebet, wachen, swaz man tut,
45 dar uf ist man vervlizzen.
dar nach, als die gewizzen
ein teil beginnent vulen,
wand sie an ir tor sulen

89vb

23 Anvahen *D*; an²] vnd *A*.
25 rich vnd ain r. *A*.
26 was *BCD*.
28 wol er *D*.
29 erde *A*; lihen (: ⱽmiden) *B*.
32 Suz waz (ward *D*) er *A(BCD)*.
33 ouch] noh *A*, noch *BCD*.
36 weste *BCD*.
37 Durch die *D*; kvr *BC*, kuert (: fuer) *D*.
39 und *f. CD*; Inder *D*; witen *A*, wit *B*.
43 in] ier *D*.
44 Gebete *A*.
45 ver vlizzen *AC*, vn vlizzen *B*.
47 beginnet *BC*, begvnnet *D*.
48 wand sie] Vnd *ABCD*.

rucken in di wite,
50 daz wol hin durch glite
bewilen ein michel stucke,
so kumt daz ungelucke,
daz itele wort werden balt
und daz herze an genaden kalt.
55 hi von so hebet sich ungedult,
des herzen burne wirt gevult
mit erden an der werlde haft.
hi von zurinnet di craft
der alden herzen stoze.
60 der bach der ougen vloze
ist sin ursprinc vertreten.
als der mensche solde beten
in rechter hitze, daz ist kalt,
wand der sunnen gewalt
65 ist mit wolkenen undernumen,
dar umme dicke zu im kumen
winde, sne unde regen,
die im besuln daz herze pflegen
nach der viende willekurn.
70 hi von sal ieglicher spurn
in tugentlicher wende
daz begin und daz ende,
wi er sich habe gevlizzen
in im der gewizzen:

49 rucken] Sich rucket *A(BCD)*.
52 chvnt *D*.
53 itel *A*, eitelt *D*.
55 hebet sich] wechset *ABC(D)*;
   vngemach (: gefult) *D*.
56 brvnne *BC(D)*.
57 eren *ABCD*; an] in *A*.
58 Da von *ABCD*; ouch div cr.
   A(BCD).
59 hertze *A(BC)*, hertz *D*.

63 in] Ir *BC*.
64 der] er der *D*.
65 wolkene *I*, wolken *BC(D)*.
68 besuln] svllen *BC(D)*.
69 willekvmen *BC(D)*.
70 also wart ez vnder nvmen
   BC(D).
71 Hie von sol ieglicher wende
   BC, Hie von solher wende *D*.
73 er] ez *BCD*.

92

75 swa di enger an im was,
in der zit er baz genas
in im von bosen gesten.
swer sich noch wil vesten,
der sal mit gote vride han.

80 Nu sprechen dort von ienem man:
der was zum ersten heiz genuc,
wand er groze liebe truc
an got und an di himelrote.
idoch so hete er nach gote

85 groze liebe an Marien.
vil dicke pflac er schrien
in alle sines herzen gir
mit sime lobe hin kein ir,
durch rechte liebe er des pflac.

90 dar nach uber manigen tac
begunde er ein teil lazzen
und liez sich under vazzen
an dem herzen mit vulheit.
da vor was heiz di innekeit,

95 di was nu laz unde kalt.
di consciencia in nicht schalt,
wand si was witer worden.
um den verkarten orden
wolde si in nicht strafen.

100 dicke wart er slafen
und an gebete erstummende.
do sprach er also slummende

90ra

75 im] in *D.*
77 vor *ABCD.*
80 einem *D.*
82 grozer *BC.*
84 noch got *(: rote) D.*
88 nach ir *ABC(D).*
89 Mit rehter l. *B(CD).*
92 wider vazzen *BCD.*

93 In *BCD;* wisshait *A.*
94 von *BCD;* wart *BCD.*
96 di] Sin *ABC(D);* conciencie *D.*
100 wart] begonde *ABC(D).*
101 er stvmmen *BC,* erstimmen *D.*
102 als die toren tvmmen (stummen *D) BCD;* So *A.*

sin gebet und verhouwen
der vulheit. siner vrouwen
105 wart daz gebet also toub.
vil dicke er ez ouch uf schoub
untz hin an den andern tac.
    Do er disses gepflac
eine wile nach gewonheit
110 und wolde mit der vulheit
zu verre uz tugenden vliezen,
secht, do liez in geniezen
Maria, di vil gute,
daz er in sinen mute
115 besunder siner liebe ir iach
und sin herze nach ir brach.
si sante im dri epfele hin;
vil missewant under in
einer von dem andern schein.
120 ein apfel was gar unrein,
der ander grune abe genumen,
so was der dritte vollenkumen,   90rb
beide schone unde rif.
ein engel sprach: »nu grif
125 dise epfele alle in dine hant.
sie hat Maria dir gesant,
di tugende vol, di milde,
dir zu einem bilde,

103 gebēt *D.*
106 vil *f. D;* vf ovch *BC;* auf fluch
    staup *D.*
108 ditz *BCD;* genuech enphlach
    D.
109 noch *D.*
112 in ovch *BC(D).*
114 Des *BCD;* sinem *ABC(D).*
115 ir] er *ABC, f. D.*
117 opphel *BC.*

118 vil] vn *D.*
120 ein apfel] Ir ainer *A(BCD);*
    gar] vil *ABCD.*
122 vol chomen *D.*
124 sich nv grif *A(BCD).*
125 oppfel *B(C).*
126 Die *A.*
127 Die vol tugende *D.*
128 einen *I.*

94

waz man dir lones sal geben
130 alhi um din herte leben,
daz doch entzwei verre treit
als der epfele underscheit.
der erste ist vul von unvlat,
der wol ebenmaze hat
135 der zit diner innekeit,
di dich neiget an vulheit
und unvletic machet.
da von ist geswachet
vil an diner crone.
140 an diner tugende lone
muz dir da von abe gan.
so sich den andern apfel an:
der ist vil unzitic.
also bistu gitic:
145 du lest di zit entslifen
und wilt andere grifen
vur dise, di dir ist entgan.
also mac ez nicht bestan.
ein getruwer gotes knecht
150 gebe ieglicher zit ir recht,
da ez mit rechte sin mac.
der apfel ist vil ungesmac,
den man unzitic brichet.
swer sin gebet sprichet
155 in rechter zit mit andacht,

129 waz] Als *BCD*; lones dir
ABC(D).
130 hertes *BC(D)*.
132 Alsam *ABCD*; opphel *C(B)*.
133 vul von] fvle vnd *BC*, fulle
vnd *D*.
134 ein e. *BCD(A)*.
138 Sich da von *BCD*.
141 Mvst *BC*.

143 noch vil *ABCD*; vntzichtich
D.
144 bist ouch du *A*, bist dv ovch
B(C); gitic] vngertich *D*.
145 Vnd laest *D*.
146 andere] ein ander *BC(A)*, ein-
ander *D*.
151 Do *BC*; Daz er *D*.

daz wirt vur unsern herren bracht
dem menschen zeime hoen vrumen:
daz meinet der apfel vollenkumen.«
hi mite nam di rede ein ort.
160 als der einsidel hete erhort
di heiligen manunge,
do wart ein wandelunge
an alle sime lebene.
er gienc me vurbaz ebene.
165 vulheit und unrechte zit   90va
trat von im hin besit
und wart an im verhouwen.
siner lieben vrouwen
dancte er mit allem vlize me,
170 wand si getrulichen e
berefsente daz leben sin.
des si gelobet di kunigin!

XIX

DER TRAUM DES SÜNDERS

In sunden ein mensche lac,
daz doch da bi der tugende pflac,
da von got ein mensche behaget:

158 vollekvmen *A*.
163 allem sinem *BC(D)*.
166 hin geseit *(: zeit) D*.
168 seinen *D*.
170 getruwelichen *I*.
171 Berief daz vnrechte leben sein
D; Bestrafte *A*, be reif sente *B*,
be rief sente *C*; min *BC*.

XIX   IABCD
Überschriften: Ditz ist ein schones
   mer Von einem offen svnder
   B. Ditz ist von einem offen
   svnder Ein vil genemes mer
   C. Von einem sunder *D*.
2 tugent *D*.
3 beiaget *I*.

96

Marien, di kuschen maget,
hete er lieb besunder.
nu vugete sichz hi under,
daz got durch sine gute
des menschen gemute
zu rechtem wege beluchte.
den menschen sus beduchte,
wi er nach todes gebote
an daz urteil vur gote
were gentzlich bekumen.
sich hete nitlich an genumen
der tuvel, daz er bi in trat
und uber in gerichtes bat
nach siner valscheit gebot.
er sprach: »alweldiger got,
gib mir disen, er ist min,
wand ich vor den ougen din
din selbes wort dar uf mac haben
an sime herzen ergraben.«
der richter sprach: »waz ist daz?«
do sprach der tuvel vurbaz:
»du spreche in cluger wise
in dem paradise:
›swanne ir uch vergezzet
und daz obz ezzet,
so sult ir sterben!‹ diz ergie.

5
10
15
20
25

4 Mariā *I*.
6 ez sich *BCD*.
7 durch] an im vnd dvrich *BC*, an im durch *D*.
11 Wier er noch *D*.
12 von got *D*.
13 gentzlichen *C*, gantzeleich *D*.
14 Sie hete *C*; nichleich *D*.

18 almechtiger *BCD*.
21 mag dor auf haben *D*.
25 du spreche] Do sprach *BC*, Ier sprecht *D*.
27 ovch *BC(D)*.
28 daz obent ezzen (: vergezzet) *D*.
29 sterben] sprechen *D*.

30 nu stet dirre mensche alhi
    von dem kunne geborn,
    dem du den tot hast gesworn.
    noch habe ich ein urkunde,
    wand er in grozer sunde
35 wol drizic iar ist gelegen,   90vb
    der er vil hat gepflegen
    und wolde lazen nicht dar abe.
    daz dritte urkunde ich ouch habe,
    daz ich also bewise:
40 ob er an tugende prise
    da bi icht gutes habe getan,
    so wil ich nu zusamne lan
    daz bose und daz gute.
    in sines herzen mute
45 nimt daz bose uberhant.
    des sal er billich sin geschant,
    und alsus hastu nicht an im.«
    do sprach der richter: »nu vernim,
    waz er dar zu wolle sagen.«
50 der mensche muste gar gedagen
    vor grozer schemde leide.
    do sprach anderweide
    der richter: »wir suln ez lan
    acht tage al umme stan,
55 e man in versenke,

---

30 diser *D*; hie *D*.
   Nach 32 *in Blau:* Nu heft iz
   sich an *D*.
34 stund *D*.
35 wol *f. D*; hat g. *ABCD*.
38 ouch *f. BCD*.
39 also] alhie *ABCD*; geweise *D*.
40 tugenden *A*.

42 ich nu *f. I*; nu] in nv *BC*, im
   D.
49 Wan *D*; er] dirre *ABC*, diser
   D; welle dar zv *BC(D)*.
51 Von *BCD*.
52 Vnd do *ACD(B)*; ander weide
   B, an der wayde *D*.
53 Ritter *BC*.
54 achtag *D*.

98

ob er noch icht gedenke,
waz er widerrede habe.«
    Do gienc vil truric her abe
der selbe mensche, und under wegen
60 gienc im einer enkegen,
der vragete in sa der mere,
war umme er leidic were.
»owe«, sprach er, »ich bin unvro!«
und underschiet im also,
65 wi im dru scharfe stucke
uf sin groz ungelucke
der tuvel hete vur geleit
und im were ungereit,
wi er da von enpreche sich.
70 iener sprach: »enruche dich!
ich bin di warheit genant
und wil vur dich alzuhant
des ersten stuckes rede geben.«
als der sunder gienc beneben,
75 ein ander im do wider vur,
der im vesticlichen swur,
er wolde im zu gelucke
wol daz andere stucke
hin legen in rechter wisheit.
80 »min name ist di gerechtekeit«,
sprach er, »und ich han wol di macht.«

91ra

<table>
<tr><td>

56 ich g. *D.*
61 Do vr. *D*; so *BCD.*
62 truric *A(BCD).*
66 groze *BC.*
67 het im *BCD.*
68 Vnd wi im waz vil vnberait
  A, vnd im was vil vngereit
  BC(D).
70 en rvche *BC*, nv ruech *D.*

</td><td>

72 wil *f. A.*
75 da *BCD.*
76 velschleihen *D.*
80 name ist *f., doch ist nach* min
  ein Zwischenraum freigelassen,
  in den die beiden Wörter pas-
  sen würden D.
81 ich han wol] wil haben *BCD.*

</td></tr>
</table>

99

Des achten tages wart er bracht
aber vur gerichte als e.
der tuvel nach urteile schre
85 uber in um daz erste leit.
do sprach zu im di warheit:
»du hast im di schult gegeben,
er si verlorn um daz leben,
daz mit vluche namen
90 alle kint von Adamen,
do er brach gotes gebot
und az den apfel wider got,
dar abe im got den tot gehiez,
da er in sit ouch in stiez.
95 der traf den lib, nicht den geist!
und da von, als du nu seist,
ist um sust di sache.
des selben todes swache
gab ot uf den lib den vluch,
100 des muz er durch den unruch
werden zu eime stoube.
hi mite ich wol betoube
uf in di ersten sache alhi.«
di gerechtekeit do hine gie
105 und sprach: »alda so wil ich
des andern underwinden mich:
du hast gesprochen offenbar,
er habe dir wol drizic iar

85 um] vnd vmb *CD.*
87 di] des hie *A,* hie des *BCD.*
89 Des *D;* vraeuele *A.*
90 chvnd *D.*
91 gebrach *A.*
94 Do *BC,* dor *D;* ouch in] ovch
e in *C.*

95 Den *D.*
103 erste *I.*
104 da *BC.*
105 *Punkt nach* sprach *I, Punkt*
nach alda *ABC.*
106 ander *D;* under *ſ. D.*

gedient an grozen sunden.
110 so wil ich da bi kunden,
daz beide hi und ouch da
in im di consciencia
murmelte an der ruwe,
und daz wart dicke nuwe
115 mit der bichte, der er pflac.«
der tuvel leitlich sich erwac
der zweier stucke, die im slecht
gemachet hete wol daz recht.
idoch daz dritte greif er an.
120 vur den sundigen man
ensprach do weder der noch der.
do sprach der richter: »brenget her
eine wage und lat wegen,
wes er me hat gepflegen,
125 des guten oder des argen.«
der sunder wart do kargen,
wand in sin herze an leide sneit.
warheit und gerechtekeit
sprachen heimlich wider in:
130 »armer mensche, louf balde hin
zu Marien der vrouwen.
bit si wollen schouwen
dine armut und ir gute.
ir tugentlich gemute

91rb

---

111 Da peide *D;* hi *f. BC.*
113 Ist muerlmlunde *D.*
115 die er pflac *C(B).*
116 sich *f., (vgl. V. 117) ABCD.*
117 Sich der zwaier *(Sich der stvcke BCD)* die im slecht *ACD(B).*
119 Doch *CD.*
121 ensprach] Er sprach *BC,*

sprach *D;* der¹] dirre *BC,* diser *D.*
124 me] nie *BC,* mer *D.*
126 do *f. BCD.*
127 im *C;* leide] vorchten *ABCD.*
129 sprach *D.*
132 wollen] mit willen *BCD.*
134.135 *fehlen D.*

101

135 ist so milde und also gut,
daz si dir ie helfe tut.
si ist der truwe wol gewon
und vermac sich wol da von,
wand si den edeln namen treit
140 muter der barmherzekeit.«
der arme sundere
mit sines herzen swere
viel vur der vrouwen vuze.
»ey«, sprach er, »du vil suze,
145 du milde, du getruwe:
laz an mir werden nuwe,
daz du bist bezzer danne gut,
wand mir so rechte we tut,
sal man mich verteilen.
150 du macht mich, vrouwe, heilen
mit diner tugende gewalt.
ez ist um dich also gestalt,
daz du mir macht helfe lan.
vrouwe, muter, sich dar an,
155 daz du uns sundigen luten
zu rechte salt beduten,
wi din lob den namen treit
muter der barmherzekeit.
hilf mir, vrouwe, hilf mir nu,
160 wand mir allez iamer zu
get in der ewigen hitze,   91va

135 also] so *A*.
136 ie] hie *D*; tue *(: gvet) D.*
137 triwen *BC(D).*
141 armen *BCD.*
142 sinen *C,* seinem *D.*
143 Viel er fvr *BC(D).*
144 Eẏa *BCD.*
149 mich] mich hie *ABCD.*

152 stalt *D.*
153 macht] wol macht *AC(B),*
   macht wol *D.*
154 O vrowe *A,* Owe vrowe *BCD.*
156 schol *D.*
157 wi] Vn̄ *I.*
160 mir get *ABC(D);* aller *D.*
161 get f. *(vgl. V. 160) ABCD.*

102

ob du din gut antlitze
von mir wollest keren.
du salt dich dar an eren,
165 wand mir din rat gehelfen mac.«
hi mite er di vrouwe erwac,
daz si quam bi di wage.
mit wol gehufter lage
wart di sunde alzumale
170 geworfen in di schale
und gehufet als ein berc.
man leite ouch sine guten werc
in daz andere becken.
der tuvel wart zu stecken
175 an sin ende also genuc,
daz di schale nider sluc,
und wante, im were gelungen.
die guten werc uf swungen.
do nam di iuncvrouwe gut
180 durch iren tugentlichen mut
und leite druf ire hant.
die bosen werc alzuhant
sach man da ho uf snurren.
die tuvele zu schurren,
185 swaz sie arges kunden.
dar uber sie begunden,
daz sie sich selben hiengen dran

162 du f. *BCD*; gut] schone *BC(AD)*.
163 Hin von mir *ABC(D)*; wilt *A*, wil *BCD*.
164 eren] keren *B*, leren *CD*.
165 rat] trost *ABCD*.
166 vrowen *ABCD*.
167 bi der wâge *A*.
168 gefvger *C(D)*.
171 gehûfte *A*.
172 sein guet werc *D*.
175 also] also vil *BC*, als uil *D*.
176 schalen *ABC*.
177 dachte *A(BCD)*.
179 nam] man *D*; iuncvrowen *D*.
180 tugenthaften *AD(BC)*.
183 da ho] hohe *A*, hoch *BC(D)*.
186 daz vber *D*; sie] ouch *A*, ovch sie *BC(D)*.
187 sich f. *BCD*; selber *ABCD*.

und wolden zien her dan
ir teil in di tufe nider.
190 di vrouwe hielt so vaste wider
di schale an widersaze,
daz si in schoner maze
den sunder vri machte.
Der mensche do entwachte,
195 wand er diz in dem slafe sach.
von der werlde er sich brach
und diente vliziclichen gote.
in sime heiligen gebote
was er stete vorchtsam.
200 di kunigin Mariam
mit gantzer vreude er lieb gewan,
di also wol helfen kan
den armen, die in noten sin.   91vb
des si gelobet di kunigin!

XX

MARIA RETTET EINEN RITTER
UM SEINER FRAU WILLEN

(Der Ritter und sein Weib)

Von der wol gebornen maget
sal uch werden noch gesaget,

188 her] so her *ABC*, sie her *D*.
193 Der sunder *D*.
194 do] so *A*, da *BC*; er wachte *D*.
198 heilige *A*, heiligem *BC*.

XX IABCD(St)
Überschriften: Ditz ist ein schones

mere Von einem Ritter lobe-
were *B*. Ditz ist von einem
hubschen Ritter Des kvmber
wart vil bitter *C*. Von einem
ritter *D*.
1 geporn *D*.
2 uch] auch *D*; noch] wol *BCD*.

wi so gut und uber gut
ist ir tugenthafter mut
5 und wi ir tugent vluzet,
daz ein mensche ouch genuzet
des andern, daz si lieb hat.
di hohe irre tugende grat,
di si in edelm willen treit,
10 kan nimmer werden vollen seit
von worte noch von littere.

Horet von eime rittere,
wi er vremder tugent genoz.
an sime namen was er groz
15 und an der iugende grune.
er was stoltz und kune,
vri herzen unde mutes
und milde sines gutes.
den turnei selden er verlac,
20 da er ofte suchen pflac
beide tiust und forest.
swa er immer was gewest,
da iach an in der lute lob,
wand sin gabe was so grob
25 spilluten und den vrien,
daz sie musten schrien
mit offenlichen worten
sin lob an allen orten.
daz sich zu iungest doch vertruc:
30 swi er hete vil genuc,

7 daz] des *D*.
8 ir *B*, ier *D*; tugent *D*.
9 Daz si *A*.
10 volsait *D*.
11 worten *BCD*; litter *(: ritter)* *BCD*.
13 tvgende *BC*.
17 Vreies hertzen *D*.

19 er selten *BCD*.
20 Da bi *ABC(D)*; dicke *A*.
21 dost *D*.
22 Vnd swa *ABD(C)*.
25 den *f. BCD*.
29 sich] sie *I*.
30 er doch *BCD*.

also lange er umme vur
und vertet von der snur,
daz er wart metalle bloz.
sin armekeit wart an im so groz,
35   daz er nicht alleine meit
di gabe nach gewonheit,
er wart ouch selbe also swach,
daz man in nicht haben sach
di notdurft envollen.
40   sin herze was geswollen
mit leide, di im vreude nam.
    Nu vugete sichz, daz im quam
ein hochzit, daz di vriheit
sich samten nach gewonheit
45   zu im, wand er des stete pflac,
als di hochzit gelac,
daz er in groze gabe erbot.
dem rittere wuchs do leide not,
wand er nicht da weste,
50   da mite er die geste
nach gewonheit mochte entpfan.
der vil trurige man
di schande also manicvalt
vloch in einen dicken walt,
55   da er der hochzit entweich.
alleine er dar in streich,
daz niman weste, wa er quam.

92ra

---

32 vertzert *A*, verzerte *B*, tzerte *C(D)*.
33 daz] Vntz *ABCD*; mit alle *BCD*.
34 armût *A(BCD)*.
35 neit *I*.
36 Der g. *A*; noch g. *BC*.
37 selber *A*; so *BCD*.
38 nicht in *A*.
41 di] mit *BCD*; vreuden *D*.
42 ez sich *D*.
44 noch *BD*.
46 hochgetzit *A*.
49 do niht *BC*, da nicht *D*.
52 trvriger *BC(D)*.
55 Do *BCD*.
57 war *ABCD*.

Er hete ein reine wibesnam,
bewart mit tugentlicher zucht.
60 ires mannes tobesucht,
daz er so vil in unpflec
durch hochvart gab hin wec,
daz was ir unmazen leit.
ire heilige gewonheit
65 almusen unde gebet
mit allen truwen dicke tet.
ir man gab spilluten hin,
so liez ir tugenthafter sin
sich die gotes armen
70 mit milder hant erbarmen.
    Maria, di vrouwe gut,
was ir gezogen durch den mut,
dar inne ir liebe stete lac,
wand si vrolichen pflac
75 ir dienen, swa si kunde.
der tuvel ouch begunde
di tugent an ir niden,
wand er nicht mochte erliden
an ir daz tugenthafte leben,
80 dem si wol erlich was ergeben;
er woldez gerne han verruct
und si dar uz han gezuct.
dar uf gedachte er vil tief.   92rb
    Ir man dort in der wuste lief
85 als ein mensche sunder sin;

58 reines *BC(D)*.
62 vergab enwec *A*, vergap hin wec *BC*.
63 daz *f. ABCD*.
67 vil hin *BCD*.
68 tugentlicher *A(BD)*, tvgentlichen *C*; ir] er *BC*, ier *D*.

72 was] wan *BC*.
75 swar *BCD*.
82 Vnd die vrowen druz gezuct *A(BCD)*.
83 vollen t. *ABCD*.
84 Er man *I*.

do quam der tuvel da hin
und reit bi in in den walt
uf einem pferde ungestalt.
sie waren swartz beide.
90 dem rittere wart do leide,
wand er der gesicht erschrac.
der tuvel sulcher worte pflac,
da mite er in wol troste
und von der angest loste.
95 »waz wirret dir?« zu im er sprach.
der ritter ordenlich im iach,
waz in von den luten tribe,
wi er durch armut da blibe,
biz di hochzit queme hin.
100 do sprach der tuvel wider in:
»daz wandelte ich vil drate,
ob du nach minem rate
ein dinc woldest an gan,
daz schiere were doch getan
105 und ist ouch cleine genuc.
swaz dine ere e nider sluc,
daz wolde ich mit gute erheben;
du soldest sulcher ere entseben,
daz sich din name nie da vor
110 getruc also ho enpor,
er ensolde hoer werden nu.«
do sprach im der ritter zu:

86 Nu quam *A(BCD)*; alda
ABD(C).
87 bi in] mit im *BC*, mit *D*.
89 swartze *A*.
91 des gesichtes *BCD*.
97 Wan in *D*; in nv *ABCD*; treip
(: bleip) *BCD*.
98 alda *ABD(C)*.
99 quame *D*.
101 daz] Do *D*.
103 wellest *BCD*; ane gan *BC*.
104 idoch *ACD(B)*.
105 ouch] doch *BCD*.
107 ich] ich noch *ABCD*; erwegen
(: phlegen) *BCD*.
108 eren *A*; phlegen *BCD*.
111 Ern solde *BC*, Er scholde *D*.
112 im sus *A(BCD)*.

»ich wil tun, swaz du wilt,
ob sich min armut bezilt
115 von diner helfe, als du nu seist.«
do sprach zu im der ubele geist:
»daz ist gut, so wil ich
gutes riche machen dich
und werltlicher eren sat.
120 ganc und grabe an der stat:
von silber und von golde,
daz din armut wolde,
des vindestu da richen hort.
idoch halt mir din erste wort:
125 nu ist min bete kein dir, 92va
daz du dine husvrouwen mir
wollest brengen.« do sprach er:
»dar an ervulle ich dine ger.«
di stat, di zit er im beschiet.
130 der ritter do zu huse schiet
und vant, als im gesaget was.
do zierte er wol sin palas.
sin erbe und sin eigen,
daz sich muste e neigen
135 durch gut under vremde hant,
daz loste er wider sanzuhant.
er gewan sin ouch me
und lebete richlich als e
von disme guten coufe.
140   In des iares loufe

<table>
<tr><td>114 ot bezilt ABD(C).</td><td>124 erst BCD.</td></tr>
<tr><td>115 nu f. ABCD.</td><td>126 husvrouwe I.</td></tr>
<tr><td>119 wertlicher A.</td><td>132 sinen A.</td></tr>
<tr><td>120 Ginch BC(D).</td><td>134 e mûste A(BCD).</td></tr>
<tr><td>123 da] den BCD; hort] solt
(: wort, vgl. aber auch V.
121 f.) BC.</td><td>135 vremder BC, vromder D.</td></tr>
<tr><td></td><td>136 alzehant BCD.</td></tr>
<tr><td></td><td>137 me] vil me BCD.</td></tr>
</table>

in rechtem zil anz ende quam,
daz er sin edele wibesnam
dem tuvele solde brengen.
diz wolde er ouch nicht lengen,
145 als sin was da vor begert.
er hiez sateln zwei pfert.
»wol uf!« sprach er zur vrouwen.
als si begunde schouwen
an des herren mute,
150 daz sie sunder hute
solden riten eine,
do sprach zu im di reine:
»herre min, wa sul wir hin?«
do sagete er ir wol halben sin:
155 sie solden in di wuste
und daz si mite muste.
ir herze grobelich erquam,
idoch was si gehorsam.
si bevalch in iren mute
160 sich in Marien hute
und reit mit im so hin dan.
ir herze trat groz angest an,
wand ir daz selbe mere
wart ie lenger swere,
165 daz si rurte zu pflege.
sich geburte an ir wege
di vart vur eine capelle.   92vb

142 sin edeles wip nam *BC(D)*.
145 da was vor *C*, do was vor *D*.
148 begvnden *D*.
153 war *BCD*.
155 wuesten *(: muste) D*.
156 si *f. BC*.
157 graeulich *A*, groblich *BC*,
grozzlich *D*.

159 si] Vnde *BC(D)*; in iren] in
irem *ABC*, sich in ier *D*.
160 marien der vil gut *D*.
165 phlegen *(: wege) D*.
166 an ir] an irme *A*, nv an irem
BC, nu an ier *D*.

110

in vil drater snelle
viel di edele werde
170 nider von dem pferde
und lief sprechen ir gebet.
al di wile si daz tet
und an unse vrouwen rief,
do vugete sichz, daz si entslief.
175 Maria ir zu helfe quam,
di sulche forme an sich nam
an gesteltnisse und an cleide:
ane alles underscheide
was an ir der volle schin,
180 als ob ez di vrouwe solde sin.
dise lac, Maria gienc.
    Der ritter sinen wec do vienc,
di reinen gotes werde
vurte er uf dem pferde
185 biz zu der gelobten stat.
der tuvel vrolich zu trat
und wante gar gewunnen haben.
mit dem, als er hete entsaben,
wer di was, di er brachte,
190 mit vlucht er von im gachte
und wart der reise vil unvro.

169 Viele *A*; div *A*, dei *(offenbar durch Rasur aus* der*)* *B*, der *C*, die *D*.
171 Vnd sprach mit andacht ier gepet *D*; liez sprechen *C*.
172 als di wile *I*.
173 vnser *ABCD*.
174 ez sich *BC(D)*; entlief *D*.
176 sŏlcher *A(BC)*; sich an *ABC*.
177 claiden *(: schaiden) AD(BC)*.
178 allez *BCD*.
179 der gantze schin *ABC(D)*.
180 es solde div vrowe *A*.
181 Maria] maria gvt die *C*.
182 da *BCD*.
183 reine *BC(D)*.
187.188 *umgestellt, jedoch am Ende beider Verse durch Zeichen berichtigt B*.
187 gar *f. BCD*.
188 als] vnd *D*. enstan *(: han) B(CD)*.
189 was] wer *D*; praechte *(: gachte) D*.

zu dem ritter sprach er do:
»ey, du ungetruwer man,
waz hastu leides mir getan
195 mit diner grozen valscheit!
ich gab dir mine richeit
an silber und an golde,
swi din herze wolde,
daz du mir brechtes her din wib!
200 ich wolde rechen an ir lib
minen zorn mit nide,
wand ich von ir lide
vil groze not, di si mir tut
an irre kuschen demut.
205 ir almusen und ir biten
mit andern tugentlichen siten,
der si vil hat an ir,
die erbieten groz laster mir.
diz wolde ich han erbrochen   93ra
210 und mich an ir gerochen,
daz si michz vurwart hete erlan.
nu hastu ungetruwer man
durch dine valschen sinne
her bracht di kuniginne,
215 di mit grozer werde
in himel und in erde
ob allen dingen hat gewalt!«
di wile er sus den ritter schalt
und sich doch vaste von im brach,
220 di gute vrouwe zu im sprach

193 Eẏa *BCD*.
199 mir *f. BCD*.
203 vil *f. D*.
204 ir *ABC(D)*.
206 ander *BCD*.
208 er bieten *BC*, arbaiten *D*.
209 Di *D*; verbrochen *D*.

211 michz] michs *A*, mich *BCD*;
fvrbaz *BC(D)*; het *ABC*, hiet
D.
213 dein valsche s. *D*.
218 sust er *D*.
219 doch] so *CD*.
220 gůt *A(D)*.

mit gewaldes volleist:
»ey, du valschafter geist,
wer gab dir ie den willen,
daz du woldest villen
225 mine sunderliche holde,
di mit truwen wolde
sich in min dienst neigen?
nu saltu vurbaz veigen
und nicht als e wesen vri:
230 in dem namen Iesu Cristi,
mines sunes, so wil ich,
daz du balde hebes dich
nider in den hellegrunt
und wirt nimmer vurbaz kunt
235 den zu leide und zu schamen,
die nach helfe an minen namen
schrien und den eren.«
do began von dannen keren
der tuvel mit gebraste.
240 er hulte unmazen vaste
durch di gewalt, di uf in quam.
Als daz der ritter vernam,
diz wunder an im worchte,
daz sin starke vorchte
245 an dem herzen wart so scharf,
untz si in von dem rosse warf.

221 gewaltest *C*.
222 Eÿa *ABCD*; nachafter *A*,
  schalkafter *B(C)*, schalchafti-
  ger *D*.
224 stillen *A*.
225 svnderlichen *ABC*; holden
  (: wolden *A*, wolde *D) AD*.
226 wolden *A*.
227 dienste *A*.

228 Nu saltu] Dv solt *A*; zeigen
  BC(D).
233 Hin nider *BCD*; in der h. g.
  CD.
237 den] mich *CD*, *ƒ. B*.
238 begonde *BC*, begvnd *D*;
  danne *D*.
242 ditz *BCD(A)*.
244 sin] sie sin *BC*.
246 vntz si in] Di in *I*.

idoch als er sich versan,
do viel der trurige man
vur di gotes werden
250 langes an di erden
und bat di valscheit im vergeben, 93rb
daz er so torlich wolde leben
und mit den sunden sich versluc.
di vrouwe strafte in genuc:
255 »ganc«, sprach si, »tu dich abe
alle der leiden tuvels habe,
die dir nicht gehelfen mugent.
diner husvrouwen tugent
saltu geniezen, ob du noch
260 von dir suntlichez ioch
wilt losen und des vri wesen,
so machtu harte wol genesen
und tugende gewinnen vil.«
    Hi mite nam di rede ein zil.
265 er reit hin uz dem walde
zu der kirchen balde,
da er der vrouwen was verzigen.
di vant er slafende ligen,
als si durch tugende vrumen
270 vor was zu gebete kumen.
des wart der ritter harte vro

248 viele *A*.
250 auf *D*.
252 trewleich *D*.
254 schrachte *D*.
255 Ganc hin *A*, Gench hin *BD(C)*.
256 alle der leiden] alle des leiden *B*, al des beiden *C*, aldes lai-des *D*.
260 suntlichez] sv̇ndicliches *A*, daz svntliche *B*, daz svntige *C*, das sundige *D*.
261 des *f. D*.
267 husfrowen *A*; Do *BCD*.
269 durch grozzer t. *AD(BC)*; tugent *D*.
270 furbas zv gepet was chvmen *D*.
271 wart] waz *AB(CD)*.

114

und wacte gutlich si do.
do er mit ir zu huse quam,
allez, daz er e vernam,
275 daz machte er gentzlich ir bekant.
do wart ouch umme gewant
sin leben, als er liez schouwen.
er volgete siner vrouwen
und karte sich uf tugende me.
280 im tet von allem herzen we,
daz er der untugende
da her von siner iugende
leider also vil getreib.
in gutem lebene er stete bleib
285 mit der husvrouwen sin.
des si gelobet di kunigin!

XXI

MARIEN ROSENKRANZ

(Der Mönch und die Rosenkränze)

Lat uch me von ir sagen
und mit rede vurbaz iagen
der vrouwen lob in unse wort.
Ez was, als ich han gehort,

272 guͦtlichen *A(D)*, gvtliche *BC*;
si *vor* gutlich *BCD*.
275 erchant *D*.
277 Ein leben *D*.
278 volgete] volgte *BC*, wolte *D*.
282 Do *BC*; siner] der *BCD*.

XXI   IA(St)
3 vnser *A*.
4 ich *f., ein Zeichen weist auf die
Auslassung hin I.*

5 ein schuler in einer stat,
der durch kunst zur schule trat,
als noch hute maniger tut.
mit gerete was er wol behut:
man schuf im meister und buch.
10 do gab im steter unruch
herten mut, stumpfen sin.
die tage, daz iar giengen hin,
vergezzenheit mit im bleib;
swaz der meister in getreib
15 mit scharfen worten und mit slegen,
diz kunde nicht in in gelegen
der wisheit ein gelucke:
uf sinen blozen rucke
dicke und dicke er in sluc,
20 daz doch nicht vur truc
und tiefen sin im gebe.
sin kunst was ungehebe
und an schonen witzen kalt.
sus wuchs von im ein ribalt
25 und ein tumber betschelier.
er was an allen dingen zier,
waz uf der werlde leben trat.
idoch hete er im vur gesat
einer tugende beiac,
30 der er hete manigen tac
gepflogen an gewonheit,
dar an sin wille was zuspreit
und weich im nichtes hinder.
sumer und winder
35 zu velde er alle tage lief,

93va

9 im *f. I.*
15 mit² *f. A.*
20 nichtes *A.*
24 von] an *A.*

26 dinge, *korrigiert aus* dinger *I.*
27 der werlde] irdisch *A.*
31 Gepflegen *A.*

116

als sin gewonheit im rief,
da er blumen unde gras
an einen crantz immer las.
als er nicht blumen kunde haben,
40 so durchsuchte er die graben,
untz er icht grunes da vant.
was di erde geblant
mit sne in winderziten,
so gienc er an di liten
45 und schar den sne hin zu tal.
er durchsuchtez uber al:
hi tiefen grunt, da hoen berc,
untz er volbrachte ie sin werc
und gesamte ie so vil, 93vb
50 daz er gemachte ein schepil
grune uf dem gevilde.
so gienc er zeinem bilde,
gesniten und gehouwen
nach unser lieben vrouwen,
55 und satzte ir uf disen crantz.
an sulchen willen bleib er gantz
ane sumens underbrich:
»vrouwe«, sprach er, »sit daz ich
nicht vil gutes me vermac,
60 so la dir ieglichen tac
diz von mir ein dienst wesen.«
alsus pflac er blumen lesen
oder bletere vur die blumen.
swi er mit sunden vlumen
65 gewonlich ander sache treib,
diz vil stete bi im bleib,

39 Swān *A*; mochte *A*.
42 was] Swaz *A*; ouch g. *A*.
49 ie so] also *A*.

56 sôlchem *A*, sulchē *I*; bleib]
  was *A*.
57 An *A*.
66 Diz bi im idoch staete blaib *A*.

117

daz er ie gab der vrouwen sin
alle tage ein crentzelin.
nicht werkes im daz under nam.

70   Nu vugete sichz, daz im quam
anz herze ein genaden stoz,
in dem der werlde in verdroz,
di im swachte sin leben.
zu munchen wolde er sich begeben,
75 ob er di state mochte haben.
als des heten wol entsaben
die vrunt und die mage,
sunder alle widerlage
stercten sie im druf den sin
80 und hulfen vliziclich im hin,
untz er zu grawen munchen quam.
do er di regele an sich genam,
do lebete er als die andern,
mit in begunde er wandern,
85 untz im geliebete daz leben.
swaz im genade wart gegeben,
di karte er uf daz beste.
er was dar inne veste,
untz dar nach uf einen tac,
90 do er sines gebetes pflac,
des in ouch nicht bevilde.
do sach er dort ein bilde
nach unser lieben vrouwen stan.
mit leide er trachten began,
95 wi er eteswenne uf las
die schepil, die er schuldic was,
und nu durch den orden

94ra

77 vnd ouch d. m. *A.*
79 druf *f., steht zu Anfang von
V. 80 und ist durch Punkt vom
weiteren Vers getrennt I.*

86 genaden *A.*
87 er] si *I.*
89 uf *f. I.*
90 Da *A.*

ein lugener was worden.
»owe«, sprach er, »herre got!«
100 nach sines iamers gebot
heimlich er vur den alter gie
und viel uf sine blozen knie.
des herzen vlut zun ougen vloz,
di im die wangen begoz
105 mildiclich hin zu tal
und di brust uber al,
di im von zeheren beran.
dirre trurige man
sufzte und leit ungemach.
110 zu unser vrouwen er do sprach:
»o Maria, vrouwe gut,
nu ist mir so beswerter mut
kumen durch den orden.
eya, waz bin ich worden,
115 als ich von rechte nu wol clage,
daz ich dir von tage zu tage
min loben nicht gehalden mac,
als ich hi bevor pflac.
daz ist nu unerloubet.
120 ich sehe, vrouwe, din houbet
alle tage sunder crantz.
diz machet mir vil manigen schrantz
an alle minem lebene.
ich wanderte gar unebene.
125 des wil ich minen orden lan
und dem amte bi gestan,
daz ich dir crentzil mache.«
    Nu was bi dirre sache

99 Owe des sprach er *A.* 118 als] Des *A.*
103 ze ougen *A.* 124 wander *A.*
112 beswert dˢ mut *I.* 125 lan *f. A.*
115 wol nv *A.* 127 dir *f. A.*

ein alt munch so nahen kumen,
130 daz er hete ein teil vernumen,
wi dirre iunge weinte.
waz er aber meinte,
daz lac im noch verborgen.
er was in grozen sorgen
135 und vorchte, im argete daz leben.
er zoch ein teil in beneben
in einen winkel und sprach:
»lieber sun, welch ungemach
hat betrubet dinen mut,
140 wand ich sach der ougen vlut
so vollic von dir vliezen?«
»kunde ich sin icht geniezen
an troste«, sprach er, »so wolde ich
sin gerne hi bewisen dich,
145 waz mich von vreuden scheidet
und mir den orden leidet,
dar an min herze ist uf ersworn.
doch wene ich, ez si gar verlorn,
ob ich ez sage. des la mich gan.«
150 »sagan, liebez kint, sagan!«
sprach zu im der alde man,
»wand ich dir wol geraten kan
mit gote an wiser lere.«
der iunge weinte sere:
155 »owe«, sprach er, »vater min,
ich wil nach dem willen din
dir sagen, waz mich irret
und von dem orden virret:
ich was zur werlde valsch genuc,
160 in der min tumpheit mich vertruc,

120

daz ich tet wenic gutes.
doch was ich sulches mutes,
daz ich uf ieglichen tac
ein grune schepil machen pflac
165 von blumen oder von boumblaten;
so die ir zit nicht enhaten,
so suchte ich crut oder gras.
an der gewonheit ich was,
als mir wol was erloubet.
170 uf unser vrouwen houbet
wolde ich daz immer haben stan.
des widerstunt mir niman,
e ich queme in den orden.
sit ich nu munch bin worden,
175 so hat di regele mir benumen,
daz ich dar an nicht mac bekumen
und daz crentzil breche.
vurwar ich nu wol spreche,
daz mir der orden leiden muz.«
180 »o lieber sun, des wirt dir buz«,
sprach er, »nu vil drate
von minem gewissen rate.
wiltu der wandels vrien,
der kunigin Marien,
185 tegelich in edelen sachen
ein rosen crentzlin machen
und daz mit lobe zieren,
so saltuz ordinieren,
daz du uber dine tage zit,
190 di dir din regele sprechen git,
immer sprechest ie dar na
vumfzic Ave Maria,

94va

165 blumen] bovmē _I._ 186 chraentzel _A._
176 kvmen _A._ 189 dine] die _A._
182 gůten rate _A._

da mite ist daz schepil gantz.
und wizze, daz si disen crantz
195 vur lilien und vur rosen nimt,
wand er ir verre baz gezimt.«
»owe«, sprach der iunge,
»were ir di wandelunge
lieb, daz wolde ich immer loben.«
200 »ia, da wil ich wesen oben«,
sprach der alde, »mit eide,
daz dir nicht zu leide
um daz gelubde geschicht,
di wile man dich halden sicht
205 daz gebet, da von ich sage.«
    Do liez von siner herten clage
der iunge und gab ir ein zil.
er machte ein nuwe schepil
alle tage der vrien
210 an vumfzic Ave Marien.
hi mite im vil tugende quam,
an wisheit er zu nam,
dar an in got wol stercte.
der abt ouch an im mercte,
215 daz er mit grozen vugen
wuchs an witzen clugen,
in den er wol sich halden pflac.
dar nach uber manigen tac
wart er zu amte gesat.
220 dar zu gescheffede in an trat,
durch daz er muste riten
in sumelichen ziten,
da man in nutzlich werben sach.
    Zeimal im des not geschach:

194 wizzest *A*.   201 Der alde sprach · mit aide *A*.
196 er *f. I*; ꝟre *I*, verrer *A*.   217 sich wol *A*.
197 Vñ owe *A*.

122

225 do reit er uz unde schuf
sines ordenes behuf,
der wol nach willen gewart.
do quam er in der widervart
uf einen lustlichen plan.
230 da sach er uz dem wege stan
wol durchwachsen einen walt,
dar inne was di luft kalt,
swi ez doch heiz da vor was.
beide blumen unde gras
235 stunt da in voller grute
erhaben an siner blute
vor der heizen sunnen
bewart und ungewunnen.
die boume und ir este
240 heten sich wol veste
geladen mit den sumerlaten,
die waren dicke von ir blaten
bewachsen und bewallen.
der cleinen vogelin schallen
245 dar inne witen erclanc.
dem munche wart ein lustic swanc
des ruches uz dem walde.
da hin karte er sich balde
durch lust und durch sin gebet,
250 daz er al dar inne ouch tet
mit harte grozer andacht.
in di gehugde wart im bracht,
daz der vrouwen crentzelin

228 Sus quam er *A*; nider vart *A*.
230 Do *I*.
232 der lufte *A*.
236 in s. bl. *A*.
238 gewunnen *A*.

242 iren *A*.
248 sich *f. A*.
249 vñ ouch *A*.
250 ouch *f. A*.
253 Wie *A*.

noch ungesprochen was gesin.
255 daz hub er vrolichen an.
    Nu waren nach dem guten man
zwene valsche man vil starc
geslichen dar uf sin arc
durch des pferdes liebe.
260 die valschaften diebe
liez unser herre schouwen
di aller schonsten vrouwen,
di vleischlich ouge ie vernam.
bi den munch di vrouwe quam
265 in harte richem cleide.
uz und innen beide
geworcht luter sidin
was der edel baldekin
und an der varwe himelvar.
270 dar inne stunden her und dar
blumen alsam die sterne.
sie sahen harte gerne
di vrouwe, und vrolich genuc
an irem arme si truc
275 einen schonen reif von golde,
dar uf si setzen wolde
blumen und ein schepil haben.
als der munch hete entsaben
ein Ave Maria und sprach,
280 secht, welch ein wunder da geschach,
wand ez wart zu einer rosen!
mit griffen harte losen
di vrouwe do begunde
im brechen von dem munde
285 eine rosen nach der andern.

95ra

258 Dar geslichen *A*.   273 vrowen *A*.
263 vleislich *I*; nie *A*.   279 gesprach *A*.
264 dem *A*.

124

ob er begunde wandern
wol under wilen von der stat,
di vrouwe im lise nach trat
und warte wol der blumen,
290 die von des mannes gumen
wuchsen da nach dem gebete.
immer als di vrouwe hete
gebrochen und di rosen ergreif,
si bant si uf den golt reif
295 mit eime silber drate.
do ouch der munch hate
vumfzic Ave gesprochen,
do was so vil gebrochen
der blumen, daz der rosen crantz
300 was vollenkumen und gantz,
den di edele vrouwe
zu der zweier aneschouwe
satzte uf ir houbt. diz geschach.
dar nach ir ieglicher sach
305 si vrolich sunder leide
swingen uber di heide
so hin untz an eine dicke,
da si wart uz ir blicke
mit dem crantze benumen.
310 Nu was di zit ouch wol kumen,
daz der munch solde
riten, als er wolde,
wand er sine zit hi vollen sprach.
uz dem pusche er sich do brach,
315 da er e was, und greif
mit dem vuze in den stegereif,

95rb

292 Vnd īmer *A.*
293 rose *I.*
294 uf] vm *I.*
297 aue Maria *A.*

300 was] Wol *A;* volkomen *A.*
313 wand] Vñ *I;* hi *f. A.*
315 vnd do er graif *A.*

als er uf wolde stigen.
do hub sich im ein criegen:
zu im liefen iene man
320 und griffen ubellich in an.
»stet, her munch!« sprachen sie,
»ir sult daz pfert uns lazen hi!
wir wollen uch nicht morden,
dar an wir uwern orden
325 ein teil wollen eren.
ir muget von hinnen keren
gesunt, sunder valsch gezoc.
lat ot hi den uberroc,
daz pfert und ouch di kappen!«
330 »eya«, sprach er, »edeln knappen,
habet durch got min schone,
des er uch immer lone,
wand ich bin cranc und dar zu alt!«
die zwene waren uf in balt:
335 »gebet uns«, sprachen sie, »zuhant,
swaz wir haben e benant,
wand wir ez hinnen wollen tragen.
da bi sult ir uns ouch sagen,
wer di vrouwe si gewesen,
340 di die rosen hat gelesen
alhi von uwern munde.
wir wollen haben kunde,
ob ez von goukelvure si,   95va
daz uch ist gewesen bi
345 ein so unmazen schone wib.
ez get uch werlich an den lib,
ir ensaget uns di warheit.«
der munch swur in manigen eit

330 Eẏ A.
341 iwerm A.

342 haben] ir haben A.

126

mit sinen worten veste,
350 daz er nicht enweste
von der vrouwen um ein har.
er dachte beide her und dar,
wa di rede wolde hin.
idoch do sie berichten in
355 von vumfzic rosen, die si brach,
und wi si ieglicher sach
da von ein crentzil machen,
do marcte an disen sachen
der munch, waz dar an geschach.
360 »ia, werlich ia«, er sprach,
»ia, vil lieben kindere min,
di vrouwe sal gelobet sin!
ich weiz wol, waz ez meinet:
got, der hat hute erscheinet,
305 daz er ist ein getruwer got
und wil uch von der werlde spot
mit dem gesichte vuren.«
alsus begunde er ruren,
wi im zum ersten was gegeben
370 ein ungeneme sundic leben
und wi er al dar inne pflac,
daz er uf ieglichen tac
ein crentzlin siner vrouwen truc;
wi daz dar nach umme sluc,
375 daz er der wandels vrien
von vumfzic Ave Marien
brechte alle tage ein crentzelin.
»secht«, sprach er, »lieben brudere min,
hute ist di vrouwe zu mir kumen
380 und hat ir crentzil genumen.

356 wi f. A.   373 craentzel A.
357 da von ein] Ain rosen A.   374 Vñ wie A.
364 der f. A.

daz sahet ir und ich nicht.
an der selben geschicht
sult ir offenlichen sehen,
daz ez durch uch ist geschehen,
385 wand ir uch bezzern dar an sult.«
mit vil grozer gedult
sprachen sie do beide:
»owe der herten leide,
daz wir ie zu sunden
390 durch des tuvels schunden
so verre vieln uz gots gebote!
ey, und mochte wir an gote
noch genade vinden,
wir wolden gar erwinden
395 von dem laster lebene
und uns vurwart ebene
in sime gebote halden.«
secht, do wart dem alden
des herzen vreude also groz,
400 daz im sin antlitze ervloz
zu tal von der ougen bach.
»ia, vil lieben kint«, er sprach,
»secht des uf minen orden,
des bruder ich bin worden,
405 und uf minen hosten eit,
daz gotes barmherzekeit
in siner grozen truwe
uch nach gantzer ruwe
harte williclich enpfet
410 und in sin riche kumen let.

95vb

381 ich f. A.
385 wand] Vñ I; dar an bezzern
A.
386 vil f. A.

387 da A.
388 hertzen A.
389 ie] e A.
391 ge vîelen A.

128

Crist, der vil gewere got,
durch des vater gebot
truc des cruces burde,
uf daz der sunder wurde
415 vri der ewigen last.
des himels kunic was hi gast,
der vreuden cleit was er bloz,
des in nichtesnicht verdroz
durch den sundigen man,
420 daz er ot wider wolle gan
zu gote an tugentlicher art.
vil wol ich an mir han gelart
di sine barmherzekeit,
wand min herze ouch versneit
425 maniger sunden unvlat.
nu hat der gute gotes rat
und di helfe miner vrouwen96^{ra}
(als ir wol muget schouwen)
mich ein teil dar uz gezogen.
430 er hat sin vil untz her gepflogen
– als er wil hute an uch pflegen –
gut wider ubel wegen!
kert ot balde uwern sin
mit der rechten ruwe an in,
435 daz ist im groz ein ere.«
    Durch di guten lere
und durch daz vremde zeichen
begunde sich erweichen
ir hertez gemute.
440 in einvaldiger gute

411 get͛we A.
416 hie ain gast A.
417 er] hi I, hie A.
420 ot wolde wider A.
429 Ouch ain tail A.

430 er] Got A.
431 pflegen] ouch pflegen A.
432 geben (: pflegen) A.
434 gantzen A.

wart ir herze beweit,
dar inne gotes genade sneit
an ruwe, di was so groz,
daz si zun ougen uz vloz.
445 in al sulchen geberden
vieln sie zur erden
langes vur den guten man
und riefen gutlich in an
mit harte clegelicher dol:
450 »eya, vater, tu so wol,
sit dich uns hat got gesant!
mache uns den rechten wec erkant,
den wol wir gerne immer treten.«
zwar des wart er lichte erbeten,
455 wand er sie lieblich uf nam
und mit in zu clostere quam.
da munchten sie sich beide.
in ruwiger leide
um die alden missetrite
460 bleib vil tugenthaft ir site,
wand sie wol hielden gots gebot.
secht, diz worchte unser herre got
durch der vrouwen crentzelin.
des si gelobet di kunigin!

448 lieblich _A._   453 wol _f. A._
449 clagender _A._   454 Deiswar _A._
451 got hat vns _A._   458 In vil r. l. _A._
452 bekant _A._   460 vil] vollen _A._

130

XXII

DER SCHOLAR
UND DAS MARIENBILD

Vurbaz sult ir ouch schouwen
an der getruwen vrouwen,
wi si ir vrunden lonen pflit.
Ez was hi vor in einer zit
5 ein schuler, der zu schule gienc;
den rechten wec er an vienc
und larte vliziclich di schrift.
sines herzen wise grift
warf er ouch uf tugende,
10 da her von siner iugende
Marien grozer liebe er iach.
alle sin gemute er brach
von werltlicher getusche.
er hielt in rechter kusche
15 sin leben durch Marien.
kein der wandels vrien
verbunden sich der schuler hete
heimlich in sime gebete,
daz er ane underbreche
20 alle tage vru ir spreche

96rb

XXII IABCD(Stm₁m₂)
Überschriften: Ditz ist ein schones mere Von einem schvlere *B.* Ditz ist von einem schvlere Ein vil gvt gehortes mere *C.* Von einem schuler *D.* Von einem armen schueler *m₁(m₂).*
4 vor in] von *A.*
5 zer schůlen *A.*
7 lernte *BCD.*
8 wiser *A*, wisen *BCD.*
9 ouch] hach *D*; uf] vf an *BC(D).*
10 da her] Da er *ABC*, daz er *D.*
11 grozze *A*; er *f. D.*
12 alles sin *C(D).*
13 werltlichem *BC*, wertleihem *D.*
17 Verbunde *A.*
18 heimleihen *D.*
19 an *ABCD.*
20 vru] fvr *BC*, vor *D.*

uf den knien hi oder da
siben Ave Maria
vor irme schonen bilde,
da er di reinen milde
25 binnen des mochte an gesehen.
diz gelubde was geschehen,
dar abe er nimmer ouch getrat.
beteln gienc er in der stat,
da er daz almusen las,
30 wand er von sinen vrunden was
gestrichen, da er vremde lac.
do er disses gepflac,
untz er quam wol uf vumfzehen iar
und er nindert missevar
35 nach sunde wolde wandern,
als er sach die andern
mit leider aneschouwe,
do wolde in unse vrouwe
des armutes machen vri.
40 do wart ein kirchwie bi
in eime dorf berufen,
daz sich da hine schufen
die lute durch den applaz,
die armen schuler durch az
45 und durch geniez giengen dar.
als dirre schuler wart gewar

22 Ze lobe sẏben A. M. *A(BCD)*.
24 Da ein er *D*.
27 ovch nimmer *C(D)*.
28 in die stat *D*.
29 Do *C*; die a. *BCD*.
31 do *BC*.
32 vnd do er ditz *D*.
33 Biz *BCD*; wol *f. D*.
34 missebar *BC*, misse war *D*.
35 svnden *BCD(A)*.

38 vnser *ABCD*.
39 Der armuetes *D*.
40 Da *ABCD*; was *CD(B)*; kirch-
messe *A(D)*, kirmesse *C(B)*; da
pi *D*.
42 daz] Da *AD*, Do *BC*; do hine
A(BC).
43 antlaz *BC(D)*.
46 diser *D*.

132

des morgens und di sunne uf trat,
do gienc er ouch uzer stat
so hin zur kirchwie.
50   sin siben Ave Marie
waren noch ungesprochen,
daz im hete underbrochen
des tages sin vergezzenheit.
er hielt sin herze an reinekeit,
55   des gienc er bi die andern nicht.
ane geselliche pflicht
gienc er alleine hinden na.
daz dorf was ouch verre da
so hin gelegen von der stat.
60   di sunne izu wol uf trat,
als si ir loufen brachte.
der schuler do gedachte
an sin gebet und erschrac,
wand ez des tages nider lac
65   uz rechter gewonheit.
hi von so wart im also leit,
daz er mit herter ruwe groz
sin antlitze gar begoz,
als in do sin herze twanc.
70   dar uber wolde er sinen ganc
zu huse wider lenken.
idoch begunde er denken,
daz er vurbaz gienge
und den applaz entpfienge,

47 di *f. I.*
48 Da *B.*
54 sin herze] herze · sinne · *BC;*
ain rainheit *D.*
55 gienc *f. A;* bi den a. *ABC(D).*
56 an *D;* gesellekliche *B(C),* ge-
sellicheite *D.*

58 ouch *f. BCD.*
60 wol *f. D.*
62 da *BCD.*
66 also] harte *BCD.*
67 triwe *A.*
74 antlaz *BC(D).*

133

75 der im wurde sus benumen.
mochte er in di capellen kumen,
so spreche er sine willekur.
were ouch beslozzen di tur,
so solde er beiten alda vur
80 ungezzen biz zur vesperzit,
als man uf sliezen pflit,
so mochte er alda schouwen
nach willen unverhouwen
daz bilde unser vrouwen
85 und vor dem sprechen sin gebet.
nach disem willen er tet.
sus gienc er in der leide,
sin ougen waren beide
stete vuchte genuc.
90 binnen des sin wec in truc
in ein holtz, daz was dic.
als er besit warf den blic,
secht, da begunde er schouwen
nach Marien, der vrouwen,
95 ein bilde also wol gestalt,
daz nie meisters gewalt
ein bilde mochte baz ergraben.
als der schuler hete entsaben,
wi ez da stunt uf eime ronen,

96vb

75 svst wurde *BC(D)*.

77 er *f. I*; sprech er *BC*, sprach er *D*.

79 *f. D*; wolde *A*; er alda *B(C)*; beiten] bliben *ABC*.

80 ze *D*.
Nach 84: Do wold er tvgende bowen *B(CD)*.

85 vor den *BC*.

86 er do *BCD*.

87 er *f. BC*; in dem leide *D*.

90 inner des *D*; in sein wec *D*; in *f., steht zu Beginn des folgenden Verses BC*.

91 In · in ein holtz *BC*.

92 die plikch *D*.

94 mariam *BC*.

96 nie] nv *A*.

97 Ein pild ergraben waz *D*; ergraben baz *BC*.

98 Als ouch *A(BCD)*; hete entsaben] ersach daz (: baz *BC*, waz *D*) *CD(B)*.

99 do *BCD*.

134

100 do wart sin herze in vreude im donen,
di im sin leit gar under sluc.
sin gedanke uf den wan in truc,
ein meler hetez dar gesat
und sin vergezzen uf der stat,
105 da er ez nu sitzen sach.
an maniger venie er sich brach
langes uf di erden
kein der gotes werden,
dar inne er sprach sin gebet.
110 als er nach willen des getet
so vil, als im behagete,
sin herze im do sagete,
er solde sorcvaldic wesen
und vil der schonen blumen lesen
115 und dar uz machen einen crantz,
wit, groz unde gantz,
und setzen uf daz bilde,
daz dem gevugele wilde
unerloubet mochte sin,
120 daz sie an im den liechten schin
nicht sulten mit ir unvlat.
als er nach sines herzen rat
diz wol vollenbrachte
und wandern gedachte
125 zu dorfe, als sin wec in truc,
sorge wuchs im do genuc,

100 Da *BC*; in] an *BCD*; vrevdē
A, vrevden *BC(D)*; im *f. BCD*.
102 uf den wan in] in wan vf wane
BC(D).
106 manig *D*.
110 daz getet *D*; getet] gert
(: gebet) *BC*.
114 wil *D*.

115 dar zve *D*.
121 sulten] solten *BC*, scholten *D*;
ir] der *BCD*.
123 vollenbraechte (: gedaechte)
A, vol brahte *B(CD)*.
125 in sin wec *A*.
126 da *D*.

wand daz schone bilde
stunt uf dem gevilde
ane allerhande dache.

130 in meisterlicher sache
was ez an der figure
mit golde und mit lazure
an gemelde wol durchleit.
des was im unmazen leit

135 um di schonen varwe.
»owe, di wirt im garwe«,
sprach er, »der regen waschen abe;
daz wirt ouch dem ein ungehabe,
der sin hat hi vergezzen.«

140 alsus was er besezzen,
waz er dar umme tete:
zwei linine cleit er hete
und einen mantel, den er truc.
alsus was er arm genuc.

145 idoch ob er wol hete me,
daz hete er dort gelazen e,
wand der sumer was heiz.
sin hemde er entzwei reiz
swi er mochte wol gelich.

150 um der vrouwen bilde rich
ein teil er da kutzte.

97ra

128 vf der verren wilde *ABC(D)*.
129 An *BCD*.
131.132 *umgestellt CD*.
133 an] An der *C*, An dem *D*.
135 schonem *I*, schône *A*.
137 waeschen abe *C*, weschet ez
abe *D*.
138 ouch] auz *D*; ein *f. D*.
139 hie hat *ACD*.
140 wart *BCD*.

142 kleider *BC(D)*.
144 wart *D*.
145 wol] doch *BC*, noch *D*.
146 dort] doch *BCD*.
147 vil heiz *BC(AD)*.
148 er do *ABCD*.
151 Er ein teil da (do *D*) *BCD(A)*;
kvttzte(?) *B*, kvrtzte (: be-
nvtzte) *C*, fuezte(?) *D*.

136

daz ander er benutzte,
wand er sich selber drin want.
den mantel nam er in di hant
155 und hullete in vliziclich um in.
da mite er dachte wandern hin.
do er ein teil so hin gelief,
daz bilde im offenlichen rief.
des er grozlich erquam!
160 idoch er schiere wider quam
und viel dar nider uf die knie.
»vrouwe«, sprach er, »ich bin hi.
gebenediete kunigin,
waz wil di meinunge din,
165 daz du, als ich han vernumen,
mich wider hieze zu dir kumen,
dar an dine truwe ich schouwe?«
do sprach zu im di vrouwe:
»ganc zu des pfaffen hof,
170 da vindestu den bischof
uber tische und ezzen.
wis dran nicht vergezzen:
sprich, daz ich in gruze
mit al sulcher suze,
175 als er verdient hat an mich.
dar nach sprich, daz er dich
zu prister morgen wie.«

97rb

152 daz ander] Dan ander tail A,
Daz ander teil BCD; nutzte D.
153 selben BCD.
155 vliziclichen BC.
156 Er dahte wandern so hin
B(CD); Hie mite A; dachte
er A.
157 er] er do A.
163 Gebenedicite D.
164 manunge D.

166 hîeze wider A, hieze zv dir
wider B(C), hiezzest z. d. w.
D.
167 truwe] tugent A(BCD);
schowen (: ivncvrowe) B.
168 zu im di vrouwe] die ivnc-
vrowe BC(D).
169 zu] hin in ABCD.
170 Do BC.
175 hat f. BCD.

137

»o kunigin Marie!«
sprach er, »daz wirt gar sin schimpf
180 und tribet mit mir stoltzen glimpf,
swan ich im dinen gruz sage.
ouch ist ez verre uzem tage,
daz man prister wien pflit.
so ist ouch kumen nicht di zit
185 an mir nach pristerlicher art,
dar uber bin ich ungelart,
wi ich di messe singe.«
alsus dem iungelinge
di vrouwe sin wort undersluc:
190 »du bist gelart und alt genuc,
ouch ist di zit wol gelegen,
daz du pristerlichen segen
vollen salt erreichen.
ich wil dir sagen ein zeichen,
195 daz volge dir der bischof git:
sprich, daz er in der ersten zit,
do im daz amt wart bevoln,
in sime herzen verholn
gelobte sprechen mir ie dar na
200 vumfzic Ave Maria
an eime ieglichen tage.
vrage, wi im daz behage,
wand er hat mir dran gelogen
und also gar druz gezogen,
205 als ob er nie gedechte,

180 stoltzen] sinen *ABC(D)*.
181 Swenne *BC*, Swen *D*.
183 Da man *C*.
184 nicht kvmen *A*.
185 noch *B*; pristenlicher *I*.
187 messen *I*.
189 sine *ABC*; verslvc *BC(AD)*.

193 Al vollen *ABC*, An vollen *D*;
sol *BC*, schol *D*.
197 was *CD(B)*.
199 mir *f. ABCD*; ie *f. I*.
201 ieglichem *B(D)*, teglichem *C*.
202 im daz] es im *AC(BD)*.
205 ie *A*.

wi er sin herze brechte
dar nach vrier willekur,
da er den willen im satzte vur.
daz saltu sagen im von mir,
210 wand er es wirt gelouben dir.«
der schuler neic der werden
untz nider an di erden,
als im sin andacht geriet.
hi mite er ouch von dannen schiet.
215 do er ein teil so hin getrat
und sach wider an di stat,
da er daz bilde hete lan,
do was ez wunderlich getan,
wand er sin da nicht ensach.

220   Sin gebet er mit vlize sprach,
untz er quam zu dem dorfe hin.
sin vil tugentlicher sin
brachte in in guter snelle
des ersten zur capelle,
225 da er sprach sin gebet.
mit dem und er ouch daz getet,
do wolde er zu dem bischove,
der da was in des pfaffen hove.
die da huten der tur,
230 die triben arme lute vur
mit ir slegen groz genuc,
als in gebot ir unvuc.
der arme schuler so hin dranc,

97va

207 dar] Gar *IABCD*; noch *B*.
208 Do *IBCD*; im satzte] satzte im *A*, satzte ie *BC*, satz ie *D*.
210 es] sin *C(D)*, ez *B*.
214 von dannen] danne *D*.
216 und sach] Do sach er *BCD*.
217 Daz er *A*; Do *C*; gelan *A*.

219 nicht da *A*.
220 vlische *A*.
221 dorfe] kloster *BC(D)*.
225 Do *BCD*.
228 do *D*.
233 so] do *D*.

als in sin botschaft betwanc.
235 er was nacket und bloz.
manigen slac, manigen stoz
muste er da von in liden.
doch wolde er nicht vermiden
di botschaft, di im was bevoln.
240 swaz er leides muste erdoln,
er dranc untz hin vurbaz,
da der bischof saz und az
mit sinen undertanen,
rittern und capellanen,
245 der da was ein michel rote.
vur den bischof trat der bote,
als er der rechten zit entsub,
sin wort er offenlich erhub
zu dem bischove und sprach.
250 der bischof in an sach
und dachte, daz er were
von kunst ein gemelichere.
des was ir aller wille,
daz man im lieze eine stille.
255 als daz der schuler gesach,
»herre, her bischof!« er sprach,
»horet, waz ich uch sagen muz.
uch enbutet iren gruz
Maria, di kunigin.
260 der gruz sal also bi uch sin,

97vb

---

236 slak vnd *B(CD)*.
237 do *BC*; in *f. A*.
240 doln *BCD*.
242 Do *BCD*.
245 waz da *A*, was do *BCD*; vil
    michel *A*.
247 der rechten] rechter *I*; entstvnt
    (*: erhvp B*, hvp *C) BC*.

248 offenlichen hvp *C(D)*.
249 und] er *BCD*.
251 daz] dar *D*.
254 im] in *IBC*.
256 her] er *B*.
257 iv *A(D)*.
260 sal] der sol *BC*; bi] mit
    ABCD.

140

als ir verdient hat umme si.«
do sprach der bischof: »hora hi,
waz dirre tore vremdes saget!«
»herre, ob ez uch behaget«,
265 sprach er, »so lat mich vollen sagen
und mine wort zu ende iagen,
als sie mir sint bevolen e:
Maria let uch sagen me,
daz ir mich morgen an der zit
270 durch si zu einem prister wit.«
der bischof sprach durch glichsenheit:
»ir habet dar zu gute cleit,
daz man uch sule wien.
ir sult uch des verzien,
275 daz ir di gotes geweren
icht in uweren meren
zu eime schimpfe wollet haben!
wirt es me von uch entsaben,
daz get an ungelucke!
280 ich laze uch uwern rucke
mit knuteln gar wol durch slan.
wolt ir icht gemeliches han,
daz sult ir anders triben.
lat ie Marien bliben,
285 man sal ir denken nicht in spot!«

261 habt *ACD(B)*; umme *f. D.*
262 hore *D.*
263 diser *D.*
264 uch] dir *I*; gehaget *D.*
266 mine wort] mein *D.*
272 dar] gar *BCD.*
273 schvlle *BC,* schullen *D.*
275 di gotes] gotes die *BCD.*
276 uweren] newen *D.*
278 entstan *(: han) BC(D).*

279 Ez wiert ewer vngelukche *D;*
an gelvcke *BC.*
280 ich] vnd *D;* iwere *A,* pern *D.*
281 gar wol durch] wol zer *A,* gar
ze *BCD.*
283 daz] so *D;* ir *f. A.*
285 sol *f., wird dem V.* 286 *vor-
angestellt und durch Punkt
vom weiteren Vers getrennt
C;* in] ze *BCD.*

der schuler sprach: »eya, durch got!
woldez uch nu wol behagen,
ich wolde ein warzeichen sagen,
daz si mich hat zu uch gesant.«
290 do sprach der bischof zuhant:
»daz wolde ich gerne horen,
woldet ir zustoren
mit warheit mines zwivels wan.«
do hub der schuler wider an:
295 »min vrouwe«, sprach er, »let uch sagen:
hi bevor in den ersten tagen,
do ir zum amte quamet,
mit vlize ir uch an namet,
daz ir holt waret ir.   98ra
300 in alle uwers herzen gir
swuret ir heimlichen eit
(der wart nie menschen vur geleit),
ir woldet sprechen ie dar na
vumfzic Ave Maria
305 an eime ieglichen tage.
nu horet vurbaz, waz ich sage:
si sprichet, ez si ir gelogen.
ir habet uch da von gezogen,
so daz der eit ist worden lam.«
310 als daz der bischof vernam,
so grozlich im daz herze erschrac,
daz sin ezzen gar gelac.
die tische wurden hin genumen,

286 eya] ey *ABCD*.
287 iv *A*.
288 wortzaichen *A*, wartzaihen *D*.
289 iv *A*.
290 sazehant *A*.
292 wolde *D*; ir] ir mir *ABC(D)*.
295 er] si *B(C)*.
300 alles *A*.

305 igleihem *D*.
306 ich] ich ew *D*.
307 ir *f. A*.
308 von] vor *C*.
310 der bischof daz *A*.
311 so *f. D*; graeulich *A*; im] in
im *D*; daz] sin *ABC(D)*.

142

der bischof was besiten kumen,
315   da er in eime winkele saz;
her und dar sin herze er maz
mit betrubnisse vol.
er weste sin gelubde wol,
als der schuler e sprach,
320   idoch er nie den gesach,
dem ez were von im kunt.
do bat er im zur andern stunt
den schuler heimlichen sagen
und der warheit nicht verdagen,
325   wi der sache were.
do sagete er im die mere
in einvaldigem sinne,
wi im di kuniginne,
di gotes muter milde,
330   were an einem bilde
erschinen uf dem wege al dort.
daz begin und daz ort,
wi ez sich hub und wi ez bleib,
wi sich di sache untz her treib,
335   daz sagete er gentzlich im hi.
do viel der bischof uf die knie,
kein Marien, der werden,
neic er untz an di erden

315 Do *CD*; einen *BC(A)*, einem *D*.
316 Dar vnd her *C(D)*; er *f. ABCD*.
320 den nẏe *A*.
321 im] in *D*.
322 do] Nv *ABC(D)*; in *ABCD*; ander *A*.
323 haimlich *A(D)*.
325 dirre *ABC*, dise *D*.
326 do] Sus *AD(BC)*.
327 einvoltigen *D*.
328 im *f. ABCD*.
329 milde] werde milde *C*.
332 wort *BCD*.
333 ez¹] er *A*.
334 her] da *B*, dar *CD*.
335 daz] Do *D*; er] es *A*; er im g. *BC*, er in g. *D*; im *f. A*; gentzlichen *BC(A)*.
336 uf] auch *D*.
338 an] vf *A*.

in andechtiger demut.
340 sin geloube was da gut
uf des schuleres wort.
swaz er hete an im gehort,
da wolde er vrolich grifen zu.
des andern morgens vru
345 do wart der schuler an geleit
unde pfeflich wol becleit.
zu prister man in wien sach.
zuhant als ouch daz geschach,
der bischof sprach zu im do san:
350 »horestu, nuwer capellan
der himelischen vrouwen,
du salt lazen schouwen,
daz si dich hat zu mir gesant,
und salt singen alzuhant
355 eine messe, daz wil ich.«
»herre, nu bedenke dich!«
sprach der nuwe prister do,
»di gewonheit ist also,
daz man daz amt lere,
360 e man dar an kere.
werlich, ez ist mir unkunt.
her nach in etelicher stunt,
als ich ez nu gelerne,
so singe ich harte gerne.
365 ich muz daz amt e verlesen.«
der bischof sprach: »des mac nicht wesen,

98rb

340 do *A.*
342 von im *D.*
343 Do *ICD;* grifen vrŏlich *A.*
346 pfefliche *I,* pfaeflichen
  A(BCD); geclait *A(D).*
350 horest newes chapplan *D.*
351 himelichen *D.*

354 sa zehant *A.*
360 E daz *A.*
361 ez f. *D.*
362 in] an *A,* f. *BCD.*
365 e v̇berlesen *A,* d. a. aber lesen
  BCD.

144

du must singen alzuhant.
di dich hat zu mir gesant,
di sal dich leren in gotes lobe.«
370 »min liebe vrouwe si dar obe!«
sprach der prister, »nu daz si!«
alsus quam er dem alter bi.
do er di bichte gesprach
und indulgencia geschach,
375 do hub der nuwe capellan
»Salve sancta parens« an
so vrolich, als ob er e
gepflogen sin ouch hete me.
da mite viel er uf die knie.
380 alle di samnunge hi
volvurten erlich den gesanc.
an des gesanges anevanc,
do in der prister erhub, 98va
der bischof alterseine entsub
385 und der nuwe capellan,
daz zu dem alter quamen gan
(als sie wol mochten schouwen)
die schonsten iuncvrouwen,
die ie kein ouge me gesach.
390 von den allen sich uz brach
ein uzerwelte kunigin
in samite und in baldekin,
durchworcht mit luterm golde.

367 ie singen *ABCD*; sa zehant *A*.
368 zů mir hat *A*.
370 si *f. A*; dar] dir *BC*.
372 er quam *A*.
374 die indulgentz *D*.
375 do] Der *B*.
377 vrilich *ABCD*.
378 Sin gepflegen (gepflogen *BC*) *ABC(D)*; ouch *f. ABCD*.

380 als d. s. *D*.
381 disen *BCD*; sanc *ACD(B)*.
382 sanges *ABCD*.
384 entstv̄t *(: erhvp) B*.
386 daz] Dar *BCD*; qvam *BC(D)*; gegan *D*.
389 ie *f. A*; kein ovge ie *BC(D)*; ouge] mensche *A*; me] nie *A*.
393 mit] in *BCD*; luter *I*.

daz tessil wesen solde
395 brante alsam die sterne.
sie sahen si vil gerne
under einer liechten crone,
di luchte also schone,
daz vil kume ir ouge erleit
400 zu sehene in di clarheit.
sus quam di kuniginne
in andechtigem sinne
und opferte den blumen crantz
beide schone unde gantz,
405 den er gemachet hete al dort
dem bilde, als ir habet gehort.
der prister kantez schepil,
der bischof hete ouch vreuden vil,
wand er im hete vor gesaget,
410 wi er der reinen gotes maget
zusamne den crantz las.
nu diz alsus geschehen was,
die iuncvrouwen karten wider.
dar nach nicht uber lanc sider,
415 als man den opfersanc erhub,
ir ieglich mit gesicht entsub
der zweier, als ir habet vernumen,
die iuncvrouwen aber kumen.
di kuniginne vor quam,
420 daz halbe hemde si nam,
daz er e ummez bilde want.
mit irre snewizen hant

394 Daz daz tassel *BCD*; wolde *I.*
399 ovgen *BC(D).*
400 dise *BC(D).*
407 erkant daz *A*, bechant daz *D.*
408 ouch *f. A.*
416 entstvnt *(: erhvp) B.*

419 kuniginne] ivncvrowe
    AC(BD).
420 si do nam *D.*
421 e *f. A.*
422 sne wisen *BC.*

146

uf den alter si ez bot.
si neic, als ir ir zucht gebot,
425 und quam da hin mit ir schar.

des wart niman gewar
wand der bischof alleine
und der gotes reine,
der vor dem alter stunt.
430 er sanc hin, als die pfaffen tunt,
den ir amt ist gereit.
do er nach gewonheit
daz gesegente gotes brot
zu sehene dem volke bot
435 und den heiligen licham
geleite hin, als im gezam,
und dar abe die arme erhub,
der bischof do wol entsub,
welch ein wunder sich erbot:
440 der prister stunt und was tot,
als er wol mochte schouwen.
von der edeln vrouwen
wart di sele hin genumen.
als diz wunder wart vernumen,
445 do was alle di pfafheit
in gotes lobe gar gemeit.
der bischof und sie alle
mit grozem lobes schalle
nach pfeflicher werde

424 als ir zvht *BC(D)*; zuch *A*.
425 da] so *ABCD*.
426 des] Der *BCD*.
431 berait *A*.
432 noch *D*.
434 den lv̇ten *A(BCD)*.
436 gezam] wol zam *BC*.
437 armen *C*.

438 verstvnt *(: erhvp) B;* versvp *C*.
443 Was *ACD(B)*.
445 So *BC*; al *D*.
446 gar] vil *BCD*.
449.450 *umgestellt ABCD*.
449 Nach pfaefflichen werden *A(D)*, Nach pfefflichen geberden *B(C)*.

450 bestaten do zur erde
des guten mannes licham.
    Nu secht, wi rechte vruchtsam
ist daz lob der kunigin!
wol im, swer daz herze sin
455 dicke beide hi und da
mit dem Ave Maria
bekummert durch di vrouwen gut,
wand im sin heiliger mut
an genaden wirt enprant
460 und di liebe drin gesant,
di in tegeliche zut,
daz er zu der vrouwen vlut
und begert bi ir sin.
des si gelobet di kunigin!

XXIII

THEOPHILUS

    Noch sult ir wunder schouwen
an der guten vrouwen,
wi si wil helfen unde kan.   99ra
    Ez was ein erhafter man

450 zur] von der *BC*; erden
ABCD.
461 tegelichen *BC(D)*; zv̊t *(: vlût)*
A, zvhet *(: vlevhet) B*, zevhet
(: vlevhet) C(D).

XXIII I*ABCD*(St)
Überschriften: Ditz mere hebet
sich an also Von dem heiligen
theophilo *B*. Ditz ist ein mere
vnd hebet sich An mit lobe
also · Von dem heiligen Theo-
filo *C*. Von einem pischolf *D*.
1 Nv *BC(D)*; schowen wunder
*(Zeichen geben die richtige
Stellung an) D*.
4 kreftiger *BC(D)*.

148

5   in eime lande ein bischof,
der hete uber sinen hof
und uber daz amt an siner stat
einen andern gesat,
der was genant Theophilus.
10   dirre vicedominus
den bischof harte wol verstunt,
als die wisen noch tunt,
swaz man solde schaffen.
den leien und den pfaffen
15   besunder und in allen
muste er wol gevallen,
wand er so wislich vur trat
daz amt und des herren stat,
dar inne er wislichen warb.
20   Do der bischof gestarb
und die tumherren gar
namen an gespreche war,
wen man zu bischove kur,
sie satzten in vil manigen vur.
25   idoch gevieln sie dar an,
daz sie den erhaften man
Theophilum wolden haben.
als er des willen hete entsaben,
den man im drate underschiet,
30   sin demut im do geriet,

8 ander *A*.
10 diser *D*.
12 noch] alle noch *BC*, alle *D*.
13 man da *AB*.
14 den[1]] von den *D*.
17 wislich] billich *BC(D)*; vertrat *CD(B)*.
18 und] an *D*.
19 er *f. D*; vlislichen *BC*, vleizzichleihen *D*.

20 *f. D*.
21 tumpherren *D*.
22 an gespreche] an gesprochen *BC*, ein gesprach *D*; fuerbar *D*.
24 vil] da *ABCD*.
28 entstan *(: han) BCD*.
29 im] in *D*; vnder schriet *BC*, nider schriet *D*.

daz er quam vur sie allentsamt.
di herschaft und daz groze amt
gentzlich er da wider sprach.
»ez were mir groz ungemach«,
35   sprach er, »ob di burde
uf mich geleget wurde.
ich han amtes genuc,
daz trage ich, als ich vor truc,
daz ich an siner stat bin.«
40   alle der tumherren sin
wart do umme gewant
und erkurn in zuhant
einen andern an daz bischtum.
der liez ouch Theophilum
45   dar nach wesen an siner stat.   99rb
        Dar under schiere ein sache trat
in eime ungemute scharf,
daz der bischof verwarf
Theophilum durch vientschaft
50   von der benanten herschaft.
des schemte sich Theophilus,
daz er nicht vicedominus
als da vor solde wesen.
er duchte sich gar ungenesen
55   an eren und geletzet,
daz er was entsetzet
von des amtes werdekeit.
sin ungemach und sin leit

31 Dar er qvam B; sie] die D.   42 in zuhant] sazehant D.
33 do BCD.   48 vurwarf I.
35 ob] daz I.   49 durch] vor BCD.
36 Gelait nv vf mich w. A, Ge-   50 vor BC; benaten A, benam
   leget vf mich nv w. B(CD).   den D.
40 aller BCD.   54 vngesen C.
41 da A.   55 an] Als an D.

150

alzu verre in vertruc,
60 wand ez in grobelichen sluc
uz der rechten straze hin.
im ranc nach herschaft der sin,
als nach dem ase tut der rude.
Nu was ouch in der stat ein iude,
65 der in den swartzen buchen
di list kunde ersuchen,
daz er mit tuveln umme gie.
Theophilus vil gar verlie
sin herze uf disses iuden rat.
70 in der hosten unvlat
grub er nach artzedien,
die in solden vrien
von der benanten leide.
»dine sorge ich von dir scheide«,
75 sprach der iude, »ob ich an dir
erhore, daz du volgest mir,
swaz ich dir nutzlich rate.«
do sprach iener drate:
»ia, ia, sprich waz du wilt,
80 min herze nichtesnicht bevilt,
ez envolge dir vil gar.«
als des der iude wart gewar,
do sprach er: »so wil ich dir sagen

59 in do *BCD.*

60 graeulichen *A*, groblichen *BC*,
   groslihen *D.*

61 stroze *BC.*

62 der] sin *BC(D).*

66 er svchen *BC*, ersuehen *D.*

68 vil gar] gar do *A*, da gar *BC*,
   do gar *D.*

69 ditz *BCD.*

70 grosten *D.*

71 Grube *C*, Graif *D.*

72 solde *I.*

73 dem *BCD.*

74 vor *B.*

76 Gehǒre *A(BCD).*

78 Vnd do *ABC.*

79 waz *f. BCD.*

81 Ezn volge *BD.*

83 do sprach er] Do sprach *BC*,
   Er sprach *D.*

und der warheit nicht verdagen,
85 wi du kumst in di werdekeit.
gotes und der cristenheit
saltu dich verzien
und dar zu Marien.
tu niwan daz eine!
90 deswar ez ist doch cleine
und lit nicht groze macht dar an,
so wirt dir gentzlich undertan
din volle herschaft rechte als e.
dir wirt gewaldes dar zu me,
95 des dir der tuvel helfen sol.«
Theophilus sprach: »tu so wol
und hilf mir in daz amt wider;
ich wil mit willen werfen nider
von mir, swaz du hast benant.«
100 do rief der iude sanzuhant
eime tuvele, der quam
und sich di sache an nam,
di hi beteidinget was.
der iude im do vor las
105 dise leitliche wort.
»wiltu« sprach er, »treten vort
an diner sache?« – »ia!« sprach er.
»so ist des tuvels beger,
daz du dich salt verzien
110 gotes und Marien
und cristenliches lebenes.
ist daz du dich verebenes

99va

84 Div warhait vñ der nicht ver-
dagen A(BCD).
90 Des war BC.
93 rechte f. ABCD.
94 Dier gewaltes wiert D; dar
zu] dennoch BCD.

98 sider BC.
100 zehant BCD.
101 Einen tevfel BC(D).
102 der sache ABCD.
104 do] da B, daz CD.
105 laitlichen A.

und disen drin wider seist,
so wil haben dirre geist
115 von dir eine hantveste
di dich zu im veste
in rechter vestenunge.«
do sprach sin valsche zunge:
»ich schribe, swaz ich sal schriben,
120 daz ich ot muge bliben
an eren, als ich e bleib.«
hi mite er einen brief schreib
mit siner wol vervluchten hant.
als ez do was gewant,
125 der valsche torechte gief
sloz an den leidigen brief
sin ingesigele. diz volquam.
der tuvel disen brief nam
und vurte in hin zu grunde,
130 da mit leides kunde
Theophilo geordent wart
ein stat nach siner hinevart,
da er solde sitzen
an kelden und an hitzen
135 gepineget in der hosten clage.
    Dar nach an dem andern tage,
do diz gelubde geschach,

99vb

---

114 diser *BCD*.
116 beste *ABCD*.
117.118 *umgestellt BCD*.
119.120 Ich schreibe was ich schrei-
    ben sol Daz ich ot muge blei-
    ben wol *D*.
119 waz *A*.
123 vertvmten *A*, verdampten
    BCD.
124 ez] er *BCD*.

125 torocht *A*, toreht *B(C)*,
    rurecht *D*.
126 ledigen *D*; grief *D*.
127 insigil *B(CD)*; vol quam
    A(BC), wol quam *D*.
129 hinze zegrunde *D*.
130 do *D*.
132 nach einer h. *D*.
133 da] so *D*.
135 klagen *BC*.
136 an den andern tagen *BC*.

153

des tuvels kunst vur brach,
wand er mit vlize also warb,
140 daz di ergerunge erstarb,
di den bischof hete enzunt
uf Theophilum, sinen vrunt.
der bischof nach im sante,
sin leit er im wante,
145 wand er in vruntlichen bat,
daz er were an siner stat
und des amtes pflege,
wand im daz gelege
aller best were kunt.
150 sus wart im wider in der stunt
sin amt und di ere,
dar an er vurbaz mere
wuchs nach des tuvels spot.
 Nu wolde ouch unser herre got,
155 der wise und der milde,
an im geben ein bilde
uns sundern, uns cranken,
daz wir nicht solden wanken
uz siner heiligen zuversicht.
160 nie wart so grozer sunden pflicht
noch so starke vruntschaft
an dem menschen behaft
zu des tuvels untruwe,
kumt dar in gantze ruwe,

140 Vntz *ABCD*; ergeunge *D*; gestarp *D*.
143 noch *BD*.
144.145 Sin leit erwante Im · wan er in vrevntlichen bat *B(C)*.
148 daz wol gelege *BCD*.
149 Vnd aller peste *D*.
150 in] an *D*.

151 sine ere *A(BCD)*.
152 er *f. A*.
154 herregot *BC*.
157 uns²] vnd *D*.
159 vz] Zv *BCD*.
160 so *f. BCD*; svnder *D*.
164 dar] er *BCD*.

154

165 si enbreche unde velle
mit tugentlicher elle
allerhande sunden bant.
Theophilo wart gesant
ein vunke rechter ruwe,
170 so daz der ungetruwe
besach wol offen sinen schaden,
wi er sich hete uberladen
mit einer sweren burde
und welch lon im wurde
175 nach disses lebens ende.
do er di missewende
in im selber gesach,
durch sin leidic herze in stach
di strale hoer vorchte.
180 di sache an im worchte,
daz er sich aller vreude enthielt.
herze und hende er vielt
zu gote und zu Marien.
weinen und schrien
185 was im stete wol veil.
daz grimmige urteil,
daz von gote was gegeben
uber sin vil armez leben,
hete er stete in blicke,
190 dar inne im dicke und dicke
die ougen uber runnen.
im was der ruwe brunnen

165 Sin breche *BC*, Sein breche *D*;
welle *D*.
169 vunke] fvge *BC(D)*.
170 vntriwe *C*.
171 Gesach *A*; offen *f. A*.
174 welche lone *B*, welch lone *C*.
176 do er] Der *BCD*.
177 geschach *BCD*.

179 hoer] helle *BCD*.
181 vrevden *BC(D)*.
183 und zu] vnde *A*.
187 daz] Da *CD*; gote *f. BCD*.
188 vil *f. D*.
190 und dicke] dikch · *D*.
192 rîwen *ABC*, trewen *D*.

100ra

155

mildiclich entslozzen.
hi von wart uz gegozzen
195 durch die ougen di vlut.
do sin betrubter mut
eine wile des gepflac,
zeimal er vor dem alter lac,
da di reine milde
200 stunt an eime bilde
und hete ir kint in der schoz.
sin clagende sufzen was so groz,
in dem er unse vrouwe an rief,
daz er vor mudekeit entslief
205 vor dem altere, da er lac.
di wile er disses slafes pflac,
in des geistes schouwe
erschein im unse vrouwe,
di in ernstlich an sach.
210 mit herten worten si do sprach:
»eya, torechter man,
waz hastu arges getan,
daz du min kint unde mich
verworfen hast so lesterlich
215 und daz cristenliche leben,
daz dir zu selden was gegeben!«
»o«, sprach er do, »vrouwe gut,
durch din selbes demut,
so la dich erbarmen

100rb

195 die] siniv *A*, sin *BC(D)*; di] milte *BCD*.
201 in ir schoz *BC(D)*.
202 klagendes *BC(D)*; suszēs *D*.
203 vnser vrowen *ABCD*.
204 von m. *I*; milticheit *D*.
205 do *BCD*.
208 Er schein *BC*; vnser *ABCD*.
210 herten] gelerten *BCD*; si do] vnd *AD(BC)*.
211 Eẏa dv *BC(D)*.
214 iemerlich *BC(D)*.
215 daz] ovch daz *BC(D)*; christenleich *D*.
217 o] E *D*; do] dv *BC(D)*.
219 dich nv *BC(D)*.

156

220 mich sunder, mich armen,
oder ich bin ewiclich verlorn.
verkus, vrouwe, dinen zorn
kein miner grozen schulde.
gewinne mir di hulde
225 kein dime lieben kinde,
daz ouch sin zorn erwinde,
den er zu rechte uf mich hat.
owe, owe der missetat,
in der ich bin untz her gesin!«
230 do sprach zu im di kunigin:
»wiltu noch versinnen dich
und min kint unde mich
in rechtem lobe erkennen
und dich vurbaz nennen
235 einen cristenen man
und dar an tugentlich bestan
mit vestenunge hi und da?«
»ia werlich, ia, ia,
ia ich«, sprach er, »vrouwe gut,
240 ich wil herze unde mut
immer an dich wenden,
hilf ot mir nu verenden
kein dime lieben kinde,
daz sin zorn erwinde,
245 in den ich verre bin getreten.«
do wart Iesus gebeten

220 mich²] vil *BCD*.
223.224 *fehlen BCD*.
226 v̊swinde *I*.
227 Der er *D*; hate *(: missetate) D*.
228 Owe we *BCD*.
229 der] den *BCD*.
231 noch] nv *BC(D)*.
235 kristen *BC(D)*.
236 dar nach *D*.

237 vestegvnge *A*.
238 werlichen *BC(AD)*.
239 ich *f. ABCD*.
240 *f. D*; Ia ich *ABC*.
242 nu] immer *BCD*; ver enden
   BC, vol enden *D*.
243 vil lieben *CD(B)*.
244 er winde *D*.

von ir, untz er abe liez.
Maria huten in do hiez,
daz er icht anderweide
250 sich stricte in di leide,
wand im dise was verlan.
    Do entwachte der man
mit grozen vreuden genuc.
siner sorge er vil ersluc
255 durch di schone gesicht.
mit alles lobes zupflicht
dancte er der edeln vrouwen,
di in e liez schouwen,
wi si ir kint vur in bat.
260 idoch nicht gentzlich von im trat
sin leit, sin alde vorchte,
daz der brief worchte,
den er dort noch weste
in des gelubdes veste,
265 daz er den tuveln tet.
do sprach er aber sin gebet
zu der edeln vrouwen:
»o vrouwe, laz beschouwen,
ob ich armer vinde
270 an dime lieben kinde,
daz er mine sunde mir vergit!
den brief, der dort verborgen lit,
der ein gezuc ist uber mich,
– vrouwe min, daz underbrich

100va

251 wart *CD*.
252 Vnd do *ABCD*; dirre *BC*,
    diser *D*.
253 Mit vrevden grozen *BC(D)*.
254 sorgen *BC(D)*; verslůc
    A(BCD).
255 schonen *D*.
258-267 *fehlen D*.

262 der] iener *ABC*.
263 noch dort *ABC*.
265 er] er e *BC*; dem tevfel *C*.
267 zu] Hintz *A*, Hin zv *BC*.
268 o] Dv *BC(D)*.
271 mir min svnde *BC(D)*; ver-
    geit *(: leit) BC*.

158

275 und schaffe mir den brief wider,
    so lit min zwivel gar dar nider,
    des min crankez herze pflac!«
    in dem gebete er ouch entlac,
    und do begunde er schouwen
280 als e unse vrouwen,
    des sich minnerte sin not.
    unse vrouwe do gebot
    mit gewaldes volleiste
    dem vil ubeln geiste,
285 daz er den brief solde holn.
    do wart der tuvel so verquoln,
    daz er mit luter stime schre:
    »wafen hute und immer me,
    waz uns di vrouwe schaden tut!«
290 doch muste er varn in di glut,
    swaz er clagete unde rief.
    er brachte wider disen brief,
    der wart gegeben Theophilo.
    do entwachte er und wart vro,
295 wand er den brief bi im vant.
    er gie hin sanzuhant
    mit vreuden vur den bischof   100vb
    und liez berufen uf den hof
    algemein di pfafheit.
300 wi in der tuvel e versneit
    und wa mite er was geschant,

276 leit *BCD*; gar dar] dart gar
D.
278 entslack *B(C)*.
280 vnse *korrigiert aus* vnser *I*,
vnser *ABCD*.
282 Vnser *ABCD*.
286 do] Des *ABCD*; so *f. BCD*.
288 und *f. D*.

292 den prief *D*.
293 geben *D*.
294 entwachte er] er wachte *D*.
296 alzehant *BC(AD)*.
298 hiez *A*.
299 di] der *BC*.
300 im *BC*; besneit *BCD*.
301 wart *BCD*; gesant *D*.

daz machte er offenlich bekant,
und wi er unse vrouwen bat,
di getrulich vur in trat,
305 daz er entwart der sunde.
ein offen urkunde
wisete er und gab in den brief.
daz volc mit vreuden do rief
nach reines willen gebot:
310 »gelobet sistu, herre got,
an der getruwen muter din,
di so nutze uns mac gesin,
so wir mit gantzen mute
vlien in ir hute
315 und uns in ir beschirmen lan!«
Theophilus, der gute man,
starb an dem dritten tage.
sin leit, sin ungemach, sin clage
wart von Marien im benumen,
320 als ir habet nu vernumen
hi vor an dem worte min.
des si gelobet di kunigin!

303 vnser *ABCD*; vrouwe *I*.
305 daz] Vntz *ABCD*; entwar *D*;
svnden (*: vrkvnde*) *C*.
307 Zaigete *A*; im *D*.
308 do mit vrevden *A(D)*, da m.
vr. *BC*.
310 herregot *BC*.
312 so nutze uns] get*we vns *A*, so
getriwe vns *BC*, vns so trew
D; sin *BC(D)*.

313 gantzem *A*.
314 vlien] Bevelhen vns *ABC*,
weuellen vns *D*.
315 Vnd in ir schirm vns verlan
A(BCD); iern *D*.
316 guet *D*.
321 vor] bevor *ABC*; dem worte]
den worten *ABCD*.

XXIV

MARIAS FÜRBITTE
FÜR EINEN RITTER

(Der Ritter und der Teufel)

Ouch geschach ein sulch dinc:
ez was zur werlde ein iungelinc,
ein edel man, der ritter wart.
er hielt in ritterlicher art
5   und an hochvart sinen lib.
die vrunt gaben im ein wib,
di er vroliche nam.
vil dicke er zu behurde quam,
des in wol geluste;
10   an turneie und an tiuste
verlos er me dan er gewan.
dirre sinnelose man
armte vaste an gute.
idoch von hoem mute
15   wolde er nicht noch entwichen.
von im begunde strichen
gelucke und gerete,   101ra

XXIV IABCDM

Überschriften: Ditz mere ist von einem edeln man Der wilent Ritter wart ẏsan *B.* Ditz ist wie ein edel man zv rit / ter wart der sich dem tevfel ergab *C.* Von einen ritter *D.* Nv hǒret vō eines Ritter leben · Wi sich dᵉ hete dem tiufel ergeben *M.*

5 harfart *D.*

7 er ouch *AM(BCD)*; vrǒlichen *A(BCD)*.
8 vil *f. D.*
9 in do *ABCDM.*
10 glust *(: gelust) D.*
11 dāne *A,* denne *BCM,* den *D.*
12 diser *D;* sinnenloser *B,* sinneloser *CM,* sinne loser *D.*
13 Er armt *D;* am gvte *M.*
15 noch nicht *ADM(BC).*
16 treihen *(: entweihen) D.*
17 Geluch vngetate *D.*

als ob ez vuze hete,
wand er sunder wisheit
20 nach werltlicher uppekeit
an rossen, an gewande,
an spise vil bewande,
des er durch nicht sich verzech.
swer im icht uf sin erbe lech,
25 daz wante er rechte vunden haben.
doch wart des kurtzlich entsaben,
wi er zu vil verlos dar an.
sin gut wart meistic undertan
den burgen, die sich rachen
30 und den cins versprachen
mit rechte und mit gewalde.
do quam der ritter balde
von armut in so herte not,
daz er nicht kunde eriagen brot
35 an alle sime erbe,
so gar unbederbe
was sin nutz da hin geleit.
ia, do wart sin iamer breit
nach eren und nach gute.
40 er dachte in sinem mute
harte listigen sin
beide her und ouch hin,
wi er mochte gut eriagen.

18 hate *D.*
19 er gar *ABCDM.*
21 angewant *D.*
23 ꝺzehe *(: leche) M.*
25 Des *BCD.*
26 Ovch *BC(DM);* des] er *D;*
verstan *(: han) CD(BM).*
27 verlost *D.*
28 maistail *D,* maiste *M.*

29 bvrgeren *BC,* burgern *M(D).*
30 den *f. A;* zebrachen *D.*
32 do] Sus *AM(BC),* also *D.*
33 herte] grozz *D.*
35 an] Von *M;* allem *BCDM.*
38 da *ABC.*
40 gedaht *B(CM);* gemꝟte *BC.*
42 ouch *f. D.*
43 beiagen *A.*

»ey«, sprach er, »nu horte ich sagen,
45 swer sich dem tuvel wolde ergeben
und in sime dienste leben,
dem gebe er gut unde gut.
deswar ich habe al sulchen mut,
daz ich enruche, swer er si,
50 der von mir tribet hin bi
min armut mit richeit,
dem bin ich dienstes gereit,
ez si tuvel oder man!«
Hi mite gienc er hin dan
55 in den pusch alleine.
sin herze was unreine,
als er wol da schouwen lie.
»tuvel«, sprach er, »bistu hi,
so sprich, wand ich din bedarf!«
60 der tuvel sine antwurte im warf,
wand er da was: »alhi bin ich!«
»wiltu«, sprach iener, »halden mich,
daz ich dir diene al min leben
und du mir wollest gut geben,
65 wand ich arm bin gutes
und bin doch sulches mutes,
daz ich dich wil zu herren haben?«

101rb

44 Eẏa *BCD*; nu horte ich s.] ich hôre sagen *A*.
45 wolde ergeben] ergebe *BCMD*.
46 lebe *BCM(D)*.
47 gut¹] ere *BCM(D)*.
48 Zwar*D*, daz ist war *M*; al f. *BCDM*.
49 wer *M*.
50 mir] mir ot *BCM(D)*; hin] ot hin *A*, so *D*.
52 berait *AD(M)*.
54 do mit *D*; so hin *ABC*.
57 da wol *D*.
60 dˢ tiufel antwurte in scharf *M*; im sin antwurt *A*.
61 do *CD*; hie *A*.
62 behalten *BCD*.
63 al min] alle min *M*, mit meinem *D*.
64 vnd daz du mier wellest geben *D*; und] daz *M*.
65 pin arm *D(M)*; des gvetes *D*.

163

als des der tuvel hete entsaben,
do sprach er: »gutes richen hort
70 wil ich dir geben uf daz wort,
daz du mit truwen mir gestast
und bliben dinen got last,
des du verloukenen salt
und under minen gewalt
75 lib und sele erbieten.«
»wiltu mich also mieten«,
sprach der ritter, »daz si!
trib ot min armut hin bi,
daz ich icht si der lute ein spot.«
80 alsus verkos er do got,
dem er gienc mit gelouben ab.
lib und sele er alda gab
in des tuvels hant,
des er mit eiden sich verbant,
85 swi der tuvel wolde.
von silber und von golde
gab er im vil michel gut.
»nu wis«, sprach er, »wol behut,
daz mir din sin icht abe ge.
90 als dir gutes entste,
so kum wider her zu mir,
ich wil so vil sin geben dir,

68 des f. *BCD*; entstan *(: han)*
   BCM, verstan *(: han) D*.
71 bestates *(: lates) D*.
72 bleib *D*.
73 verlovgen *B(CDM)*; hie salt
   ABCDM.
74 minen] minen dan *B*.
75 bieten *ABCM(D)*.
77 daz *f. I*.
79 ein *f. ABCDM*.
80 also *D*; do vergaz er *D*; da *I*.

81 gienc er *D*.
82 alda] da *AD*, do *BCM*.
83 des] des vbeln *D*.
84 mit eigen *BC(M)*, mit aide *D*.
87 vil] do *AD*, da *BCM*.
88 wis *f. A*; nu wis] vnd *BCDM*;
   wol] wer wol *CD*.
89 din sin icht] icht sin *A*, die
   sinne iht *B(C)*.
90 dir nv *A*; gvtes nv *BC(DM)*.
92 sin *f. A*.

daz du wol macht mit eren
bi ander lute keren
95 in gelicher hochvart.«
    Der ritter gentzlich vro wart
des gelubdes und des gutes
und des vrien mutes,
den er volbringen dachte.
100 sin gut zu huse er brachte.
daz erbe und daz eigen
begunde er wider neigen
under sich mit sime schatze:
sunder alle widersatze
105 gebruchte er sines willen do.
er was zallen ziten vro:
tantz, turnei und behurt
und swaz di zit machet kurt,
dar inne was er stete geil.
110 schatz was im wol veil,
wand er ie hin wider quam
und sin nach willen vil da nam
uf sinen unrechten sin.
    Zeimal quam er alda hin,
115 wand im gutes gebrach.
do quam der tuvel und sprach
harte listiclich zu im:

101va

93 machte wol *M*.
94 zv andern *DM*.
95 Gar in *D*; harfart *D*.
96 gentzlich] gleich des *D*.
97 glůbes *M*.
98 des] ouch des *A(BCDM)*.
99 vollenbringen *A*; dovchte *B*,
    dvchte *C*, docht *D*.
100 er ze huse *A*; er *f. BC*;
    brovchte *B*, brvchte *C*,
    procht *D*.

105 Ge brvcht *BC*, Geworcht *D*;
    er] es *A*; seinen *D*; da *(: vra)*
    D.
107 Tantzen *D*; und *f. BCDM*.
108 kvrtz *(: bvhvrt) BC(M)*; waz
    D.
110 der schatz *M*.
111 ie] ier *D*.
112 sin] sinne *D*; do *I*.
114 alda] do *D*, da *M*.
115 enbrac *(: sprach) D*.

165

»hore min, geselle, und vernim,
wes ich vergezzen an dir habe:
120 du hast durch mich getan dich abe
dines Cristes, daz ist recht,
wand du bist min lieber knecht.
noch saltu dich verzien
siner muter Marien
125 und werden uz ir hute genumen,
so bistu an mir vollenkumen
und wirt din dienst lobesam.
ich bin Marien also gram,
als ich ie creaturen wart,
130 wand si ist mir alzu hart
mit ir grozen tugende.
in aldere und in iugende,
swer si besunder lieb hat,
dar an zurget mir ie min rat.
135 als ich bewilen einen man
von tugenden gezie her dan
und wene, ez si mit im geschehen,
e ich mich umme habe gesehen,
so enweiz ich, waz si tribet,
140 daz sich dar under ribet
ein gruzen und ein vruntschaft.
zuhant erstirbet so min craft,
daz ich werde alda versmat.
ir tugent mir vil dicke hat
145 geworben leider grozen schaden.

101vb

118 Hôra mich *A*, hore mich *BC(DM)*.
120 getan durch mich *ADM(BC)*; dich *f. A*.
125 uz] an *D*; entnvmen *ABC(DM)*.
130 alle ze hart *D*.
131 tugenden (: iugenden) *D*.

133 swer] Ber *D*.
138 habe vmb *M*.
139 Sone weiz *B(D)*, Sonen weiz *C*.
140 sich] si *I*, si sich *BDM(C)*.
142 so zehant *D*.
143 alda werde *BCDM*.
145 Erworben *ABCM(D)*.

166

der saltu dich durch mich entladen,
dinen trost von ir brechen
und si alhi versprechen,
daz du ir nimmer werdest holt.
150 dar uf nim silber und golt
und lebe in grozer richeit.
ich wil dine ere machen breit,
wirf ot Marien von dir hin!«
do sprach der ritter wider in:
155 »ey, nu tu durch mich so wol,
des ich dir immer danken sol,
geswic der bete, la dar abe,
la dir genugen, daz ich habe
durch dich verworfen minen got,
160 daz ich nicht achte uf sin gebot,
des du wol hast an mir entsaben.
nu la mich doch Marien haben
besunder zeiner vrouwen.
sal sich min trost verhouwen
165 an ir und an ir kinde,
so enweiz ich, wa ich vinde
dikein helflich gemach.«
der tuvel aber zu im sprach.
wand im di rede was vil leit:
170 »tu hin, ez ist ein affenheit,

146 Des soltu *A*; durch mich] von mir *BC(DM)*; entlahen (: schaden) *M*.
147 ir] dir *I*, mier *D*.
149 nimmer *f. D*.
150 dar vmb *M*; nim s. u. g.] mein silber vnd mein golt *D*.
151 gantzer *BCD*.
154 do] der *D*.
155 Eẏa *ABCDM*; nu *f. A*; so] si *D*.
156 danken] chauffen *D*.
160 uf *f. BCD*.
161 des] Als *ABCM*, Daz *D*; entstan (: han) *BCD(M)*.
162 Mariam *M*.
164 sich min] ich minē *M*.
165 an² *f. D*.
166 Sonen weiz *BC*, so waiz *M*; wo *CD*.
167 kein helflich gewalt noch gemach *C(BD)*.

daz du mir dienen wilt
und doch der rede nicht bevilt,
du enwollest wesen under ir.
beide an ir und an mir
175   machtu nicht beidersit gewesen.
du must dir einez uz lesen,
als ich dir hi setze vur.
und habe dir volle willekur:
kere an si oder an mich,
180   wand du nicht beidenthalben dich
mit dienste macht behalden.
du must ie si verschalden,
ob du verdienen wilt min gut.«
do nam der ritter in den mut,
185   daz er ouch solde sterben.   102ra
ob er wol kunde erwerben
alle werlt in sine hant,
daz muste wesen doch geblant
mit des todes volleiste.
190   do sprach er zu dem geiste:
»wiltu mir Marien lan,
so wil ich noch an dir bestan.
ich sage dir des ein ende me:
ez ge mir hute swi ez ge, –
195   Marien laze ich von mir nicht!

171 wilde *(: bevilte) D.*
172 doch] auch *D;* nicht dich *A.*
173 Dvnen wellest *BC,* Du wellest *M.*
174 baiden *D;* an² *f. D.*
175 ze beider site *A;* genesen *CD.*
178 vollen *BCD;* chuer *D.*
180 nicht *f. ABCDM.*
181 nicht macht *AM;* enthalden *ACDM(B).*
182 si ie *BM(C);* ie *f. D.*

183 verdien *A.*
188 doch wesen *A;* volant *A.*
189 des *f. ABCD.*
190 Vnd sprach sus *A(BCDM).*
191 mir *f. BC;* marien noch mier *D.*
192 so] Mir · so *(vgl. V. 191) BC;* an] bi *BCM(D);* gestan *BCM.*
193 des *f. I;* des ein ende] des endes *D.*
194 wie *BCD(M);* ez mir gê *M.*

ich wil ie haben zupflicht
an si mit hoffenunge.
min vervluchte zunge,
di minen got versprochen hat,
200   sal nimmer vallen uf den rat,
daz ich si verspreche.
vil lieber ich mich breche
von dime gute und von dir.
ich wil halden si bi mir
205   in steter truwe immer me.«
der tuvel do vil lute schre:
»wafen uber iren rat,
waz si mir ie leides hat
an minen vrunden getan,
210   der ich vil verlorn han
anderswa alsam alhi.
owe geschriet uber si,
si ist mir alzu bitter!«
do sprach zu im der ritter:
215   »ey, du rechter hellewicht,
vorchtestu di vrouwen nicht,
daz du ir tugent berufen wilt?
var hin, wand mich sin bevilt,
mit dir bekummern vurbaz.

196 zů pflicht *A(BC)*, zu ier phlicht *D*.
198 wol v. z. *ABCDM*.
201 si] si ouch *A(M)*, so ovch *BC(D)*.
203 got *D*, gut *M*; und f. *D*.
204 halde *A*.
205 An *ABCDM*.
208 leide *C(D)*.
211 alhi] nv hie *A*, ovch hie *BC(DM)*.
212 geschriet] geschriet si *A*, si geschriet *C(B)*, sei geschrieren *D*.
214 hintz im *A*.
215 Eÿa *BCD*.
216.217 *fehlen BCDM*.
216 vrowe *A*.
218.219 var hin wan ich wil nicht Mit dier bechumert sein furbaz *D*.
218 Vare hin wā ich din bedarf nicht *M*; sin] din *IABC*.
219 Noch mit dir *M*.

220 schande, laster unde haz
wil ich dir schuldic immer sin.
owe des lieben herren min,
den ich durch dich verlorn habe!«
do schiet der tuvel hin abe
225 und gab im nicht me gutes.
    Vil beswertes mutes
der ritter do zu huse gie,
daz er got ie verlie
durch den unreinen schatz.
230 siner viende widersatz,
die sin homut e reizte,
dar uf sich erbeizte,
daz sie in wolden bougen.
sie begunden urlougen
235 und uf sin gut rennen,
rouben unde brennen,
die lute slan unde van.
als er den wolde wider stan,
so gienc ez ie hinderwart:
240 die viende quamen im so hart,
daz er wart ir aller spot.
wand er verworfen hete got,
so hete er leidic striten.
    Die viende in einen ziten
245 uf sime huse in erstigen.

102rb

221 īmer schuldic *A.*
224 do] So *BC;* hin] so hin
ABCDM.
231 sinen *ACM(D);* hohen mvt
BC(DM); reitzten *BC(D).*
232 sich nv *ABCM(D);* erbeizten
BD(C).
236 Rovbe *(Ausfall des* -n *durch
Loch im Pergament bedingt)*
C.

237 Vnd die leute slan *D;* van]
lan *BCM.*
238 er den wolte er wider stan *M;*
wider *f. D.*
239 ie] im ie *ABCDM;* hinderwert
B(C), hindewert *C.*
240 hart] vart *A,* hert *BCD.*
243 leidiges *M.*
245 in erstigen] in gestigen *D,* in
stigen *M.*

do wart ouch vurbaz geswigen
an im aller werdekeit.
in ubergienc nicht ein leit
sunder allez ungemach.
250 di kemenate man im brach
ane allerhande widerwint.
beide wib unde kint
tot daz gewelbe ersluc.
siner viende unvuc
255 nach ir willen griffen in:
sie wolden in uf vuren hin
und werfen in sin selbes turm.
binnen des quam ein sturm
und geschrei um in so groz
260 – hi und da man uf sloz,
da sie daz gut westen ligen –
daz sin ein teil wart verzigen
und im ein wenic rumes wart.
zuhant greif er an di vart,
265 wand er sich heimlich dannen stal.
so groz was in der burc der schal,
daz man sin nicht war genam,
untz er hin zu pusche quam,

246 vůrwart *A(B)*, fvrwar *C(D)*;
verswigen *D*.
247 alle *D*.
248 nicht] nie *BCDM*; kein *M*.
249 aller *CD*.
251 An *BCDM*; alle *D*.
252 wibe *A(M)*.
253 Ze tot *AD(BCM)*; gewelle
CD; slůk *M*.
255 wille *BCD*.
258 binnen des quam] Binnen des
so wart *A*, vnder des do wart
BCD(M).

259 Vnd ein geschrey *M*; auf in *D*;
so] vil *ABCDM*.
260 do *D*.
261 da] Do *BC*, Daz *D*; hoften
ABCDM.
262 daz] Vntz *ABCDM*; sin] sie
BCD.
265 danne *D*, vō danne *M*.
266 wart *BCD*; ein schal *BCDM*.
267 nam *ABCDM*.
268 hin zu pusche] in den puschen
D.

171

dar inne er lief an unwege
270 mit cleidern, die er truc zu pflege,
die er vor hete an sich getan.
    Nu wider vuren im zwene man,
daz waren waltvischere,
die durch leide swere
275 vur netze trugen grellen.
den kunen man, den snellen,
den ritter sie begiengen.
do sie in geviengen,
sie zugen im die cleider abe
280 und suchten bi im ander habe,
ob er icht heimlich truge.
er muste sin gevuge,
als ez im do was gewant,
wand er stunt mit blozer hant.
285 der edele kune ritter wert
enhete weder schilt noch swert,
des was sin vechten hin geleit.
do sie genamen im die cleit
untz an sin linin gewant,
290 uf daz er wurde me geschant,
so greif im einer in die har,
der ander nam der knutele war,
der im den rucke wol zusluc.
hi mite duchte siez genuc,

270 chleiden *D.*
272 Nu] Do *BCDM.*
273 Di waren *M.*
275 vur] Fvr die *BC(D),* Vor ir *M.*
277 vmbe giengen *BC(DM).*
278 Vnd do *ADM(BC).*
279 sin claider *A.*
283 was do *A.*
286 hete *BC(DM).*

287 wart *BCD.*
288 sie genamen] sie namen *BC(D),* namen si *M.*
290 me *f. BCDM.*
291 einer] ein ander *BCD;* daz har *ADM.*
293.294 *umgestellt CD.*
293 rukgen *A,* ruck *M.*

172

295 des sie do wol entsuben.
als einen leiden buben
liezen sie do loufen in.
sus gienc er her unde hin
zuslagen und beroubet.
300 im was der sin betoubet,
daz er nicht wol enweste,
welch im were daz beste.
»owe«, sprach er, »ich boser man,
nu ist mir rechte getan,
305 wand ich durch iamerlichen spot
han verworfen minen got
von mir vil unwerde.
mich wundert, daz di erde
nicht uf entut iren munt
310 und let mich in den hellegrunt
zu aller underst sinken.
alda solde ich trinken
mit stete wernder leides not
den aller ergesten tot,
315 den man immer vinden mac.
owe iamerlicher slac,
in welch leit bin ich geslagen!«

102vb

---

295 des] Als *ABCDM*; da *BCDM*;
entstvnden *(: bvben) BC(M)*.
296 als einen] Gelich ainem
A(BCDM); leiden *f. BCDM*.
297 da *ABC*.
298 unde *f. D*.
301 So daz *BCDM*; weste
ABCDM.
302 Welchs *A*, welhez *M*.
303 ich boser] ir bosen *C(B)*, ir
bose *M*.
304 Mir ist vil rechte nv getan
AC(BDM).

307 mir] mir hin *ABCM(D)*.
309 vf tvt *BC(M)*, tuet auf *D*;
Rasur nach entut, *offenbar ist
ein fehlerhaftes* minen *getilgt;
nach dieser Lücke:* iren tut
(: grvnt) I.
311 vndrest *A*, hinderst *BCM*,
hindrist *D*.
312 alda] da *M*.
313 steter *BCDM*; werndern *D*.
314 allen *D*.
Auf 316 *folgt ein zweites Mal
V.* 315 *C*.

173

alsus begunde er sich clagen
mit steter ougen vliezen.
320   in in begunde schiezen
di ruwe ir pfile also scharf,
daz er gentzlich von im warf
alle vreude uf erden hi.
    In disme leide er vaste gie
325   so hin kein vremdem lande,
da in niman erkande,
der weste, wer er were.
als im wart zu swere
di crancheit durch hungers not,
330   als di nature gebot,
so gienc er beteln sin brot,
des er wart von schemde rot
durch di ungewonheit.
alsus treib in hin sin leit
335   verre in ein vremde lant,
da er nimanne was erkant,
wand er was kumen uz siner diet.
bi eine burc er do geriet
des abendes an der spate.
340   nach sines herzen rate
gedachte er: »ich wil bliben hi,
untz ich den vru morgen sie,
so wandere ich aber vurbaz.«
    Uf der burc ein greve saz,

<table>
<tr><td>320 ouch schiezzen A.</td><td>335 vremdes BC, vromdez D(M).</td></tr>
<tr><td>321 pfil BC, f. D.</td><td>336 Do BCDM.</td></tr>
<tr><td>323 vreuden D; vf erde A, vf der erden M.</td><td>337 uz] vf A, vō M.</td></tr>
<tr><td>325 so hin kein] Gegen einem M.</td><td>338 zv einer DM(A).</td></tr>
<tr><td>326 da] Daz BCD.</td><td>342 ersie M.</td></tr>
<tr><td>332 schame ABCDM.</td><td>343 wandere ich] wandlich D, wandel ich M.</td></tr>
<tr><td>334 in] er M.</td><td>344 waz B(CD).</td></tr>
</table>

345 ein altherre wol gezogen.
    daz lant was under in gebogen
    mit dienste an guten willen,
    wand er wol kunde stillen
    mit gantzen vride al ungemach.
350 von im man sulcher mere iach,
    er were hoer tugende vol;
    daz man dicke ervant wol
    an sime schonen lebene,
    wand er gienc vil ebene
355 an gotlichen strazen.
    er hete nu gelazen
    sinen kinden in di hant
    beide burge unde lant,
    die man ez wol berichten sach.
360 sin herze er gentzlichen brach
    hin zu gote minnesam.

        Do der arme ritter quam
    und der herberge bat,
    der alde greve kein im trat
365 und entpfienc in wol da von,
    daz er es dicke was gewon
    an andern beteleren.
    sinen hungerigen sweren
    bezzerte er im mit spise.
370 in tugentlicher wise

103ra

---

345 alte herre *M*.
346 vnder in was *BCD(AM)*.
347 gutē *I*, gůtem *A(BCDM)*.
349 gantzem *ACM(B)*, *f. D*; allez
    BCM(D).
351 tugenden *D*; wol (*: wol) D*.
352 daz] wan *M*; eruant *M*, er-
    want *D*; ouch wol *AM(BCD)*.
353 schonem *M*.

355 In *ABCDM*.
356 Wart mit gvten mazen
    B(CDM).
359 ez *f. D*.
360 gentzlich *M*.
    Auf 360 *folgen die Vv.* 397
    bis 399; *sie sind gestrichen D*.
361 ze gut *D*.
366 Da *A*; es *f. BCDM*.

vil gut gerete im da geschach.
als der morgen uf brach
und er horte luten
daz zeichen beduten,
375 daz di messe meinte,
der ritter sich vereinte,
er wolde ouch messe horen da
und dar nach wandern anderswa.
diz geschach. di messe ergienc,
380 der ritter nuwe ruwe entpfienc,
di in verserte snelle.
er besach di capelle,
ob iman drinne were.
di sach er wesen lere
385 von luten beide her und dar.
der alde greve nam des war,
wand er ie nach gewonheit
bleib an siner innekeit,
untz hin di zit verre trat.
390 an einer heimlichen stat
in einem winkel er da was
und sin gebet zu gote las
nach reines herzen willekur.
der arme ritter sloz di tur,
395 wand er sich eine drinne sach.   103rb
sin leit mit iamer uz im brach.
er tet als die beswerten tunt.

371 vil *f. D*; gute *M*; do *D*.
377 ouch] ot *D*; horen messe *BCD(A)*.
378 wandeln *M*.
381 *zwischen* ver *und* snelle *ist ein Raum ausgespart D*.
382 In der selben kapelle *BC(D)*; er gienk in ein kapelle *M*.
387 ie *f. D*; noch *D*.

388 ie bleip *D*.
389 hin di zit] hin in die *BCD*, er hin di *M*.
390 ein heimliche *BM*, ein heimlich *C(D)*.
391 do *M*.
392 gebete *A*.
396 im *f. ABCDM*.
397 tunt] alle tunt *M*.

176

dar inne ein schone alter stunt,
als man wol mochte schouwen.
400 nach unser lieben vrouwen
stunt druffe ein riche bilde.
di schone und di milde
ir kint hete in ir schoze.
der ritter, der bloze,
405 wisete in rechter nuwe
wol sines herzen ruwe,
di in vur den alter truc.
mit sinen vusten er sluc
sine brust und sin houbet.
410 mit leide was er betoubet
in ruwigem smerzen.
der burne sines herzen
also ho uf erdoz,
daz er zun ougen uz vloz
415 in vil mildiclicher vlut.
im tet so we sin ungut,
daz im daz herze in leide wiel.
vur den alter er viel
maniger langen venien val
420 crucewis hin zu tal.
als er des weinde vil getreib,
uf sinen knien er do bleib
und sach uf kein dem bilde.
»ey«, sprach er, »edele milde

401 schône *AC(BM)*, schones *D*.
402 schone] reine *BCDM(A)*.
404 der²] des *D*.
405 Wiste *BCD*, Weste *M*.
409 bruste *M*.
410 er was *BCDM*.
412 brvnne *ABC(DM)*.

413 er vf er doz *B*, er vf doz
C(D), er vf erdoz *M*.
414.415 Daz zů den ougen vz vlozz
(dos *D*) Ain bach in mildec-
licher vlůt *A(BCDM)*.
419 Mangen *D*; venige *M*.
420 chrutzleich wis *D*.
424 Eya *BCM*.

425 gotes muter Marie!
ich armer sunder schrie
an dich, gute vrouwe,
tu so wol und beschouwe
mines herzen bitterkeit,
430 wi rechte leit unde leit
mir ist, daz ich wart ie so blint
und din herzeliebez kint,
got minen herren, versprach.
o sit daz man ie gut dich sach,
435 Maria, muter reine,
so tu so wol und erscheine
mir in den grozen sweren,
daz du den sunderen
gegeben zeiner muter bist.
440 ey vrouwe, neige Iesum Crist,
din liebez kint, her zu mir.
ich weiz wol, er gehoret dir
durch liebe, di er zu dir treit.
muter der barmherzekeit:
445 ube an mir dinen namen!
owe, ich muz mich immer schamen,
daz ich so rechte blinde
ie kein dime kinde
so torlich leider mir gewarb.
450 ey, daz ich nicht e starb,

103va

430 leit¹ *hinter der Zeile nachge-*
tragen I.
431 ie wart *ABCDM*; so *f. D.*
432 hertzenliebes *A(BCDM).*
434 o *f. D*; daz *f. ABCDM.*
436 so² *f. ABCDM.*
437 den grozen] disen *ABCDM.*
438 den] in den *M.*
440 Eya *BC.*
441 her *f. D.*

442 er] ez *D.*
445 Nv vbe *BCM(AD)*; disen *A.*
447 so *f. ABCDM*; erblinde
BCM(D).
448 kein] ge *D.*
449 so torlich] Daz ich so torlich
M; leider *f. M*; mir] ie
ABCDM.
450 Eya *BCDM*; nicht] nicht lei-
der *I*; erstarb *A(BC).*

178

e mir di sunde wurde kunt!
vrouwe, ich bin so harte wunt
und mit leide also verladen,
daz ich in zwivelichen schaden
455 viele, enwere daz eine,
daz ich an dich reine
alle mine hoffenunge trage.«
in dirre weinden clage
so lange er veniete unde rief,
460 untz er vor mudekeit entslief
und vor dem alter gelac.
    Der alde greve stete pflac,
daz er disses war nam.
vil groz wunder im bequam,
465 waz diz an im meinte.
dar nach im got erscheinte
di meinunge, als er sit veriach.
unser vrouwen bilde er sach,
daz uf den alter was gesat.
470 daz stunt uf von siner stat
und satzte daz kint uzer schoz.
di himelkuniginne groz
uf dem alter ein wunder treib:
ir kint alda sitzen bleib,
475 unde si gie von der stat,
vur ir liebez kint si trat.

451 mir] min C; ie wurde BCM(D).
453 so BCDM; vber laden A.
454 tzweifelleihem D.
455 enwere] vnd wer CD.
457 Al mein offenunge D.
458 diser D; wainende A, weinenden BCM(D).
459 venigete (das g scheint getilgt) I, weinte BCDM(A).
460 mudekeit] grozer mude M.
470 Wie es vf stůnt A(BCDM).
471 daz] ez I; uzer] vz irre A, von der BCD(M).
472 himelische A.
473 Ein wunder vf dem alter treip BC(ADM).
474 sitzende M.
475 der] ir ABCDM.

mit grozer andacht si do lie

sich kein im nider uf die knie.

ir hende si zusamne vielt, 103vb

480 die si kein irme kinde hielt.

»genade«, sprach si, »lieber sun,

du salt durch mich so wol tun

und la kein disme dinen zorn,

den er mit sunde im hat erkorn,

485 di in leider machte blint.

laz in geniezen, liebez kint,

daz er durch keine tuvels craft

mich und mine vruntschaft

wolde nie versprechen.

490 du salt gar underbrechen

und lazen sin durch mich verlorn

kegen im alle dinen zorn,

des bite ich vliziclich alhi.«

do sprach daz kint wider si:

495 »ey, muter, waz sal ich im vrumen,

sit er hat sich von mir entnumen

und andere herren im erkorn,

den er sin dienst hat gesworn:

den sal er dienen, daz ist recht.

500 er wolde nicht sin min knecht,

477 si do] vnde *A*, vnd sich
BCDM; lie] viel *(: kniel) A*.
478 sich *f. ABCDM*; wider *A*; uf]
an *ABCM*; kniel *A*.
479 ze ainander *D*.
480 die] Do *BCD*; gegen ier
chinde *D*.
484 svnden *IABCD*.
485 mochte *D*, machet *M*.
487 keine] des *BCD(M)*.
490 gar] dar *BCD*.

491 verkorn *AC(BDM)*.
492 allen *BCDM*; dine *A*.
493 vlizziclichen *A(BCDM)*; alhi]
hie *ABCM*, dich *(: sich) D*.
494 si] sich *D*.
495 Eẏa *BC*.
496 sich hat *D*; sich vō mir hat *M*.
497 andern *ABCDM*.
498 Dem *ABCDM*; sinen *A*.
499 Dem *ABCDM*; wol recht
ACDM(B).

als ob ich mochte in nicht bewarn.
laz in zu sime herren varn
nach sines eides verbint!«
»ey nein«, sprach si, »liebez kint,
505 gedenke an in, wi gar tief
er sufzte und dich an rief
und sunderlich minen namen.
er wil sich me der sunden schamen
und sie von im zustoren.
510 binamen, du salt mich horen,
wand du hast mir uf geleit,
daz ich der barmherzekeit
ein muter wesen sal genant.
des hat mich dirre hi gemant
515 mit clegelichen worten,
daz er der helle porten
werde wol gevriet.
swer mich an schriet
in dem namen, daz ich si
520 im mit barmunge bi
und nennet muter mich dar an,
dem muz ie helfe sin getan
von der barmherzek˅it,
ob er mit gantzer innekeit
525 an rufet mich, als ouch der,
der durch genade ist kumen her
und sine sunde im leit sint.

104ra

501 niht mochte in *B*, in nicht
mocht *CD(M)*.
502 laz in seinem hertzen varn *D*.
503 Noch *D*.
504 Eẏa *BCM*; nein] mein *D*.
506 er ersvftzte *C*, er ersufte *D*.
509 zu *f. ABCDM*.
513 sal *f. BCDM*.
514 diser *D*.
515 chlaegleihen *D*, kaeglichen *M*.
516 pforten *BC(DM)*.
517 Were *M*.
518 geschriet *ABC*.
521 nennen *D*.
522 ie] ich *C, f. D*.
525 An mich rvfet *BC(ADM)*.
527 Vnd sein svnde let sein feint
D.

gedenke, herzeliebez kint,
wi du den herten cruces tot
530 mit harte bitterlicher not
durch den sunder hast erliden.
ouch wart ich arme nicht vermiden,
als din wille hat begert:
sich mine brust, durch di ein swert
535 gienc mit grozer bitterkeit,
daz gewaldiclichen sneit
durch mine sele an grimmer not.
um dinen iamerlichen tot
wart in mir alle vreude blint.
540 des mane ich dich, vil liebez kint,
uf des sunderes heil:
mache im durch mich wol veil
diner genaden trisor,
der im nu ist beslozzen vor,
545 wand er ermer ist dan arm.«
»nu nim mich wider an dinen arm,
liebe muter, wand ich habe
kein im durch dich gelazen abe,
swaz er vor begangen hat
550 der uber grozen missetat,
dar abe er was verwazen.

528 hertze liebes *A*, herre liebes *C(BDM)*.
534 durch *f., steht zu Beginn des folgenden Verses D*.
535 Durch gienc *D*.
537 grozer *BCM(D)*.
539 alle min vr. *B(M)*, al min vr. *C(D)*.
540 vil *f. D*.
541 uf] Tu *D*; svndere *M*.
542 Mach *A*, Nach *BCD*.

543 diner] Auf deiner *D*; trisor] tor *BCD(M)*.
544 Daz *BCDM*.
545 er ez *A*, erz *B*, ers *C*; *hinter* er *ist ein* ez *getilgt I*; armer *ABDM*, armen *C*; dāne *A*, denne *BCM*, den *D*.
546 in dinen arm *A*.
548 lazzen *A*.
550 uber] vbel *BCD*, vbelen *M*; grozze *D*.

der wil ich vri in lazen,
wil er ot vurbaz huten sich.
nu ganc her und nim wider mich
555 alsam e uf dine schoz.«
do neic di kuniginne groz
kein im. dar nach si hin trat
und gesaz an irre stat,
da si vor sitzen pflac.
560 Der vor dem alter lac
zuhant dar nach erwachte.
mit leide er sich uf machte,
beide venien und gebet   104rb
treib er, als er e tet,
565 mit weinder sufzunge tief,
dar inne er unse vrouwe an rief
nach der sunde applaze.
do er wolde uf di straze
und her quam untz bi di tur,
570 do wischte kein im her vur
der burcherre wol geborn.
dirre hete e wol gesworn,
daz niman drinne were.
des was im harte swere,
575 do er den herren gesach.

552 in vri *ABC(DM)*.
553 ot er *A*, ot *f. D*.
554 genc *CD(B)*, gink *M*; her] er
    D; wider *f. BCDM*.
555 dinen *IBC*, dein D.
558 ir *BCM(D)*.
559 Do *BCDM*.
560 vor] da vor *AC*, do vor *BDM*.
561 dar nach] er do *M*.
562 er *f. BCD*.
563 weinen *BCM(AD)*.

564 er² *f. A*; e] vor *M*.
565 weinder] weinender *I*, siner
    ABCM(D).
566 vnser vrowen *ABC(M)*; unse
    vrouwe] sei *D*.
567 svnden *BC(DM)*; antlaze *D*.
569 und *f. C*; her] er *BCM, f. D*;
    Vnd do er kome *M*; bi di] zů
    der *A(DM)*.
572 dirre] der *D*; wol e *M*.
575 an sach *D*.

der alde gutlich zu im sprach:
»lieber mensche, gehabe dich wol,
wand dir nicht schaden sol,
daz ich was bi dir hinne.
580 durch got sage mir dine sinne,
wannen du sist her bekumen,
wand ez sal dir und mir vrumen,
ob du mir gentzlichen sagest,
waz du so leitlichen clagest.«
585 do wart dem armen rittere
sin leit also bittere,
wand ez vernuwete sich in im.
»herre«, sprach er, »daz vernim,
ich sagez dir uf guten wan.«
590 alsus hub er vor im an
und sagete im gantze mere,
wi er ein ritter were,
wi er dem tuvel sich ergab
und zu iungest schiet her ab
595 von im, wand er Marien
sich nicht wolde vrien,
wi er erbe unde gut
verlos, und in daz armut
von lande alda her vertreib.

576 alde] alt herre *D*; gvtlichen
 C(D); zu im *f. CD.*
578 schanden *B.*
581 Von wanne *DM*; chomen
 (: vrumē) *D.*
583 gaentzlich *M.*
584 swaz *D.*
585 arme *A*, arm *D.*
586 leit] eit *BC(D)*, zit *M.*
587 an im *A.*
589 sage dir es *A*, sage dirs
 BC(DM).

590 also *D.*
591 gantze] gvte *BC(D).*
592 vn̄ gantze · wie er ein Ritter
 were *B(C).*
593 wi] Vnd *D.*
594 her] er *BD.*
596 Sich wolde niht *B(CDM)*;
 verzien *A(BCDM).*
598 daz] di *DM.*
599 alda] also *D*; her] er *C*; ver-
 triben (: bliben) *D.*

600 »an dem einigen ich bleib«,
    sprach er, »daz ich bite got
    durch siner truwe gebot,
    daz er di sunde mir vergebe
    und ich im noch zu dienste lebe.«
605 di wile er im diz seite,   104va
    sin herze sich beweite,
    daz er weinte so genuc,
    daz ie ein tran den andern sluc
    durch sines herzen ungemach.
610 der altherre zu im sprach
    in gantzen truwen vruntlich:
    »seliger man, nu vreuwe dich
    und wizze daz di vrouwe gut,
    der din ritterlicher mut
615 nicht verloukenen wolde,
    Maria, di gotes holde,
    di hat vur dich ir kint gebeten.
    sin zorn ist gar besit getreten.«
    sus sagete er im, swaz er e sach,
620 und dar nach er zu im sprach:
    »du salt doch durch eine sicherheit
    mit harte grozer bitterkeit
    di selbe sunde bichten,

600 pin vnd dem aingen bliben *D*;
    einigem *M*.
602 getriwen *BC(D)*, triwen *M*.
604 ich *f. I*.
605 diz] die mer *D*.
606 sich beweite] sere waint *D*.
608 ein *f. D*; tran] zaher *BCDM*.
610 alte herre *BCM*, alt herre *D*.
611 vruntlich] lieblich *AM(BCD)*.
614 ritterleihen *D*, Ritterlich *M*.
615 verlougen *AM(BCD)*.

617 di *f. D*.
618 gar] gein dir *M*; besit] besiten
    A, beseitte *D*, vnd^e *M*; treten
    D.
619 waz *D(M)*.
620 und *f. ABCDM*; er zu im] er
    zů im ouch *A(BC)*, er auch zu
    im *D*, zv im er ouch *M*.
622 harte grozer] volliger
    ABCDM.
623 selben *ABCM*.

din herze drabe entlichten.
625 und wizze daz got ist din vrunt,
wand ich habe ein urkunt
der rechten warheit gesehen.«
   Als di rede was geschehen,
do wart der ritter also vro,
630 daz im daz herze steic vil ho
in troste an unsers herren lobe.
beide cleine und grobe,
swaz er sunden weste,
die liez der ritter veste
635 von im in gantzer bichte.
do er sich ir entlichte
nach sines willen gebot,
do begab er sich durch got,
dem er getruwen dienst bot
640 untz an sines libes tot.
unser lieben vrouwen,
durch di im was verhouwen
aller sunden urbunst,
der truc er willicliche gunst
645 mit lobe an allem herzen sin.
des si gelobet di kunigin!

624 din] der *D.*
626 wand] vnd *M.*
629 do] So *D;* so vro *BCDM.*
634 ritter] helt *ABCDM.*
635 gantzer] der *ABCDM.*
636 Vnd do *ABCM;* ir *f. ABCDM;*
   enphlichte *D.*

637 sines] gûtes *A(BCM),* gotes *D.*
639 er *f. M.*
642 behowen *C(B).*
643 svnder *BC(M);* erbvnst
   BC(DM).
644 williclichen *BC(AD).*
646 gelobte *M.*

186

XXV

DER JUDENKNABE

104vb

    Horet noch von der guten,
wi si mit schonen huten
irre dienere pfliget;
wi si in genade wiget,
5 da were vil zu sagene abe.
    Ez was ein iude an richer habe
gesezzen bi den cristen,
der nach iudes listen
mit wuchere gutes vil gewan.
10 dem ungeloubigen man
sin husvrouwe einen sun gebar.
do der was wol achte iar
alt, do was er schone genuc.
sin vater holdez herze im truc
15 und dachte harte witen,
wi er bi sinen ziten
in brechte wol zu eren.
»deswar er sal ouch leren«,
sprach er, »di e der cristenheit,
20 als man von iren buchen seit.
waz schadet, ob er vumf iar
oder um di maze loufet dar
mit cristenen kinden?
di lere mac er vinden;
25 swenne er gewechset zeinem man

XXV IA(BeSt)
  4 genaden *A.*
  8 iuden *A.*
  10 vngelouben *A.*
  12 wol was vmb a. i. *A.*

13 alt *f. A; Punkt hinter* alt *I.*
17 in] Den svn *A;* wol zu] vf *A.*
23 cristenlichen *A.*
25 gewachset *A.*

187

und mit den pfaffen reden kan
von den buchen zu latin,
daz wirt im groz ein vrume sin
an der eren stule.«
30 sus brachte er in zur schule
zu andern kinden in der stat.
den meister er mit vlize bat,
daz er des kindes pflege
und im mit truwen wege
35 zucht, lere unde hute.
»ich bin in sulchen mute«,
sprach er, »als ich ouch wesen sol,
daz ichs uch wil danken wol,
wand ichz harte wol vermac.«
40   Diz gedinge alsus gelac,
der meister sine wort entpfie.
daz iudelin zu schule gie
mit den kinden alle zit.   105ra
als man die kindere leren pflit,
45 sus wart diz kint gewiset an.
sin vater was ein richer man
und truc zu im liebe groz.
hi von ouch in nicht verdroz,
daz er im gab gute cleit.
50 daz kint quam nach gewonheit
zur kirchen mit den andern,
und als sie solden wandern
uz vur di kirchtur,
da stunt ein schone bilde vur
55 nach Marien wol geworcht.
die kindere waren des ervorcht,

31 kindern *I*.   42 zer schůlen *A*.
36 sŏlchem *A*.   48 in ouch *A*.
38 ichs uch] ich iv sin *A*.   52 solden] pflagen *A*.

188

als sie der schulmeister hiez,
daz ir dikein des enliez,
sie enmusten alda nigen.
60 da enwas kein widercriegen,
wand man in rechte wol zusluc,
swer daz nigen da entruc
vor der grozen vrouwen.
diz begunde schouwen
65 daz iudelin; ez neic ouch dar
und nam dar an me nichtes war
niwan daz ez di angest twanc.
dar nach nicht vil uber lanc
daz iudelin im sagen bat
70 einen schuler von der stat,
der sin kumpan ouch was
und mit im an dem buche las:
»eya, liebe, sage mir,
als ich dich bite, waz meine wir,
75 daz wir dort nigen muzen
und daz bilde gruzen
mit des houbtes nidervelle?«
»siga«, sprach er, »geselle!
kanstu des nicht beschouwen?
80 daz bilde ist gehouwen
nach unser lieben vrouwen
gotes muter Marien.
di edeln und di vrien
sul wir stete an schrien
85 und uns neigen zaller vrist,   105rb
swa ir bilde vor uns ist.
man saget vil unde vil,

57 d. sch. si hiez *A*.
72 den *A*.
73 lieber *A*.
74 mainen *A*.

78 Siha *A*; er] der *A*.
83 Die edelen wandels vrien *A*.
84 stete] ie *A*.

wi wol si dem helfen wil,
der ir getruwen dienst tut.
90 geselle, si ist also gut, –
wiltu gelouben an si legen,
daz si dich bewart vor slegen
und vor bosem spote;
si kan ouch dort wol vor gote
95 dir wesen ein gut helferin.«
»entruwen!« sprach daz iudelin,
»des geloube ich gerne,
ob ich ouch daz gelerne,
wi man der vrouwen dienen sol
100 also, daz ir behaget wol.
des wil ich vlizic wesen me
und ir nigen baz dan e,
sit si mir gehelfen mac.«
Daz iudelin do stete pflac,
105 swennez irem bilde neic,
daz sin munt des nicht gesweic,
ez enspreche ie dar na
daz heilige Ave Maria
zu lobe der vrouwen lobesam.
110 swa ez ouch zu winkele quam,
so viel ez immer uf die knie,
die hende ez zu berge lie
und sprach »Ave Maria«.
Eines suntages dar na
115 daz kint zu kirchove lief,
als di gewonheit im rief,
spilen mit den kinden,
als die schulere vinden
manic spil in maniger zit.

92 bewart dich *A.* 102 dienen *A.*
93 Vnd ouch *A.* 106 nicht] nẏe *A.*
94 ouch *f. A.*

190

120   daz iudelin quam besit

so hin vur di kirchtur.
daz schone bilde stunt da vur,
unser vrouwen zeiner ere.
niman was da mere
125   wand diz kint alleine.

daz bilde was vil reine
gemalet beide her und dar.   105va
daz iudelin nam sin war
und begunde sere schouwen
130 daz kint und unse vrouwen,
als sie waren gemachet.
nu was ein teil geswachet
daz bilde von den spinnen:
in den valden binnen
135 und dar uffe her und dar
was ez von in bespunnen gar.
diz was dem kinde harte leit:
ez nam sin aller beste cleit,
da mite ez vaste wischte
140 und daz bilde ervrischte
von stoube und von spinneweben.
swa ez des icht kunde entseben,
daz wischtez ab und sprach,
als im sin herze do veriach:
145 »ey, her wurm! ey, her wurm!
muste ich mit uch einen sturm
began nach minen willen,
ich wolde uch also stillen,
weste ich ot, wa ir weret,
150 daz ir me wol verberet
diz bilde miner vrouwen.

ich wolde uch lazen schouwen,
daz ir ubel habet getan.
ir soldet uwer werc uf slan
155 wol anderswa danne hi!«
daz iudelin so hine gie
spiln zu andern kinden.
    Nu liez ez got bevinden
uns zu einem bilde,
160 daz der edele milde
alle den wil lonen,
die ires herren schonen
und sine muter eren.
diz kint begunde leren,
165 und swaz ez immer larte,
sin herze ez dar an karte,
daz ez Marien were holt,
di im ouch helflichen solt
dar nach erbot, als ir gezam.
170   Uf einen ostertac ez quam,
als sich di reine cristenheit
nach heiliger gewonheit
mit himelbrote spiset
und dar an bewiset
175 rechtes gelouben vullemunt,
do gienc vrolich in der stunt
daz volc zu dem opfer gotes
nach dem willen sines gebotes
und entpfienc den licham.
180 daz iudelin do war nam,
war umme der gedranc geschach.
hin uf den alter ez sach
und wart gewar, waz da lac,

105vb

154 ir] Vnd *A*.　　176 Da *I*.
158 hiez *A*.　　181 dranc *A*.
162 herzen *I*.

192

des ez vor vreuden erschrac.
185 daz aller schonste kindelin
sach ez al dar uffe sin,
daz ie ouge me gesach.
der prister von dem kinde brach,
swaz er den luten hine gab,
190 und swi vil er gebrach her ab,
so lac daz kint ie vollenkumen
und wart im nichtesnicht benumen
der schonde noch der sterke sin.
»owe«, sprach daz iudelin,
195 »torste ich di heiligen spise entpfan!
ich wil ez uf ein heil lan
und ouch da hin slichen.«
sus quam ez heimlichen
in dem gemeinen volke aldar.
200 sin wart niman gewar,
ob ez ein iude were,
wand da vil schulere
mit dem volke zu dranc.
daz iudelin sin herze twanc
205 in tugentlicher wise
nach der heiligen spise,
di der prister, als ez sach,
von dem schonen kinde brach.
alsus wart im nach willen dar
210 di ewige libnar
in sin mundelin geleit,
dar an ez grozer suzekeit
mit aller lust wol entpfant.
»o wol mich«, sprach ez zuhant,
215 »daz ich so wol gezzen habe!«
Sus gienc ez vrolich her abe
und quam zu herbergen sint.

106ra

193 schône *A.*　　　　　195 hielige *A.*

193

»ey«, sprach der vater, »liebez kint,
du hast der grozen hochzit,
220 di nu der cristenheit an lit
(den valschen, den unholden!),
harte sere entgolden,
wand du noch bist ungezzen.
du soldest sin gesezzen
225 zu huse billich hute,
wand die cristen lute
mit ir veste unledic sint.«
zu dem vatere sprach daz kint:
»vater, lieber vater min,
230 du salt nicht betrubet sin,
wand ich bin wol gespiset,
als mich min herze wiset,
mit vil edeler spise.«
»owe sun«, sprach der grise,
235 »waz hat din groze torheit
gezzen bi der cristenheit,
daz zu schanden wechset mir?«
do sprach daz kint: »daz sage ich dir,
ich habe den heiligen lichamen
240 in unsers lieben herren namen
entpfangen mit der cristenheit,
als der geloube hat geseit,
den Maria getruc.«
als daz kint der rede gewuc,
245 betrubnisse und vorchte
an dem vatere worchte,
daz er unmechtic nider lac.
di muter ouch alsam erschrac
von irme lieben kinde.
250 alle daz gesinde

234 sun *f. A.*   244 der rede daz kint *A.*
238 daz¹ *f. A.*   250 Alles *A.*

194

wart betrubet und unvro.
diz mere vlouc do
in di synagogen wit.
sich besamten in der zit
255 die vrunt und die mage.
des alden niderlage
und des kindes irrekeit
was in unmazen leit.
als der alde ermannete,
260 er grein unde zannete,
wand sin unmezic leit
stete durch sin herze sneit
mit betrubnisse hart.
beide har unde bart
265 roufte er unde brach entzwei.
»wafino«, vil lute er schrei,
»uber mich unselic man!
ia bin ich schuldic dar an.
ich bin, der dise meintat
270 und den mort begangen hat
an mir und an uch allen.
o wi bin ich gevallen
uz der grozen ere,
di ich ouch nimmer mere
275 verwinden sal von rechte
bi der iuden geslechte!«
die vrunt alle quamen,
und als sie hi vernamen
ir leit mit rechter warheit

251 War *A.*
252 Dise maere vlugen do *A.*
254 sich besamten] Hie von samten
 sich *A.*
255 vnd ouch *A.*
259 als] Do *A.*

264 hare *A.*
266 *das* o *in* Wafino *scheint getilgt
 I.*
267 vnsaeligen *A.*
272 Eẏ *A.*
277 Sin vrivnde *A.*

280 (wand des kindes reinekeit
wolde nicht zu rucke treten),
daz kint wart vil von in gebeten,
daz ez zu rucke trete
von der ubel tete
285 und Marien vervluchte.
daz kint des nicht enruchte.
beide ir dreun und ir biten
brachtez nicht von den siten,
die im recht geloube erbot.
290 als sie ersahen dise not,
vil sere sie erschraken.
ire zornes haken
wurden do mit vientschaft
an daz iudelin behaft.
295 under ougen man im spei,   106va
wafen uber ez man schrei.
zu sinem vater sprachen sie:
»wand der rat zum ersten gie
uz din selbes herzen,
300 daz wir an leides smerzen
von dinen schulden sin verladen
und mugen sin wol grozen schaden
mit uberlast gewinnen –
(ob sin werden innen
305 die cristen lute in dirre stat,
sie machen alle unser ere mat,
wand sie daz kint zu sich nemen;
des muge wir uns immer schemen
und wirt unser e geswachet)
310 sit nu di rede sachet
von dir, als wir han erkant,

292 Ires *A.*   298 der] nv der *A.*
293 Wart *A*; mit grozzer v. *A.*   299 sin *I.*
295 Vnder die ougen *I.*   300 laidem *A.*

196

so reche uns din selbes hant
uber daz vervluchte kint,
daz der sinne ist worden blint
315 und wil schenden unser e!«
der vater do vil lute schre:
»wafen immer uber mich!
waz bin ich worden, waz sal ich
und waz sal vurbaz min leben?
320 ir habet ein urteil uz gegeben,
des ich nicht gevolgen mac.
uwer urteil, uwer slac
ane allerhande hinderswich
ge uberz kint und uber mich.
325 tut mit mir, waz ir wolt:
ich bin dem kinde also holt,
daz ich ez nicht mac ertoten.«
die iuden waren in noten
und vorchten sich vor valle.
330 sie sprachen leitlich alle:
»ob wir daz kint vristen,
untz ez vernemen die cristen,
wir werden uber ein geschant!«
vil schiere wart ir rat volant
335 daz man iamerlichen tot
solde in etelicher not
an ez balde wenden,
so mochte ouch sich volenden
alle ir angest und ir leit.
340   Nu stunt da nach gewonheit
ein bacoven groz genuc.
dar in man durre holtz truc
und eite in einen halben tac.

106vb

319 vůrbaz sol *A*. 342 in *vor* trůc *A*.
323 An *A*. 343 haizte *A*.
325 mit mir] mir alles *A*; daz *A*.

197

als man des vures gepflac,
345 daz wol der oven glute,
ir vientlich gemute
mit gewalt daz kint uf nam,
daz mit in vur den oven quam.
der vater weinte unde rief,
350 balde er von dem wege lief,
wand er den iamerlichen mort
enmochte nicht beschouwen dort,
dar in man daz kint warf.
der heize vlamme was vil scharf,
355 der uz dem ovene wete.
in snellicher drete
schuben sie daz kint dar in.
    Secht, do quam di kunigin
di nimannes vergizzet,
360 swer ir mit truwen mizzet
uz reinen herzen sinen gruz.
dem kinde wart do sorgen buz,
wand Maria, di gute,
nam sin in gantze hute
365 und satztez lieblich uf di schoz;
daz kint sach offen unde bloz
(als ez wol mochte schouwen)
di aller schonsten vrouwen,
di kein mensche ie gesach.
370 di heize glut wart sulch gemach,
daz im da was ein vreude sin.
deswar di edele kunigin
begienc wol irre tugende recht,
daz si daz kint, iren knecht,

344 pflac *A.*
354 Des vlāmē hitze *A.*
361 reinē *I*, rainem *A.*
364 in *f. IA.*
365 uf] in *A.*
369 di] Die ie *A.*
373 irr tugent *A.*

198

375 nicht enliez da villen,
daz durch iren willen,
als ez der geloube hiez,
alle sine vrunt verstiez
und was geworfen durch den sin   107ra
380 von sinen vrunden alda hin
in di burnenden cluft.
dar inne wart so semfte ein luft,
so suze und so linde,
daz dem guten kinde
385 alle not was ture.
di hitze von dem vure
ein einic har im nicht verschriet.
    Sine vrunt, di valsche diet,
betrubet waren ouch ein teil
390 um daz groze unheil,
daz im da solde zu treten.
do siez dar in geworfen heten
und ez di vlamme bezoch,
ieglich von dem wege vloch,
395 wand er nicht mochte an gesehen,
welch iamer solde an im geschehen
in des vures ungemach.
kurtzlich dar nach geschach,
daz sumeliche quamen
400 und da war ouch namen,
ob di martere were volant.
do wart ein wunder in erkant,
wand dem kinde was gegeben
al dar inne ein vreuden leben.
405 ez saz dar inne ane allez leit.
vil schiere wart diz mere breit.

379 verworfen *A*.   405 ez saz dar inne ane] Da er saz
381 bürnende *A*.   an *A*.
400 alda *A*; ouch *f. A*.   406 daz *A*; mere] iamer *I*.

der iuden vil hin zu lief,
an diz wunder man ouch rief
den vater, der betrubet lac
410 in einem winkele, da er pflac
sin grawez har uz zerren
und bat ot sich versperren,
daz in niman gesehe;
also gar unwehe
415 duchte er sich in der swere.
do er vernam die mere,
daz wunderliche wunder,
daz sich treib dar under,
dar zu in daz volc rief,
420 er stunt uf balde unde lief
vur den oven drate.
also betoubet in hate
di vreude und daz ungemach,
daz sich in im underbrach,
425 daz er vor dem gesinde
hin zu sime kinde
wolde in den oven sin gestigen.
idoch wart er ubercrigen
und da vor gehalden.
430 do er begunde erbalden
und sich ein teil baz versan,
do sprach er: »liebez kint, sagan,
sagan, waz hat dich ernert
und der grozen hitze erwert,
435 daz si dir nicht mac schade sin?«
»owe«, sprach ez, »vater min,
diner grozen blindekeit,

107rb

409 Dem *A.*
413 nẏeman in *A.*
417 daz wunderliche] Vnd daz
groze *A.*

421 vil drate *A.*
424 underbrach] in wechsel brach
A.
425 von *A.*

di mir wolde machen leit
di kunigin, di vrien,
440 gotes muter Marien!
di himelvogetinne
ist gewaldic hinne
mir kumen wol zu sture,
daz ich in disem vure
445 mich vreuwen mac durch min gemach.«
der vater aber zu im sprach:
»kum her uz, vil lieber sun,
wand ich wil dir nicht me tun.
du salt vor aller not genesen.«
450 »nein«, sprach daz kint, »ich wil hi wesen.
din und diner vrunde haz
wil ich entwichen vurbaz
und hi min leben vristen.
du salt mir e der cristen
455 vur den oven lazen kumen
also vil uf minen vrumen,
den ich wol mac getruwen,
und wil ouch uf sie buwen
verre baz dan uf dich
460 und uf die vrunt gemeinlich.
Maria, di vil gute,
ist mir so wol ein hute
alhi, daz ich uch al vurwar   107va
nicht sal vorchten um ein har.
465 wolt ir, daz ich kume hin vur,
so brenget vur des ovenes tur
(als ich izu habe geseit)
di reinen gotes cristenheit,
oder ich blibe al hinne.«

439 die vrie (: Marie) A.   468 reine I.
465 her fůr A.

470 des alden iuden sinne
ein teil begunde erweichen
diz wunderliche zeichen,
daz er an sime kinde sach.
da mite ouch in sin herze brach
475 ein liecht von dem gelouben,
daz im begunde rouben
von der e valschen knoten.
er sante balde sine boten
so hin uf der pfaffen hof.
480 ouch wart besant der bischof
uf diz gotes wunder.
niman dructez under,
man sagetez allen luten.
die glocken hiez man luten.
485 der bischof und di pfafheit
wurden vrolich an geleit
in ir gerwe schone.
an der processione
trugen sie die cruce dar.
490 da was gesamt ein michel schar
von mannen, wiben uzer stat.
der bischof vur den oven trat,
idoch er drabe lengete,
daz er sich icht versengete,
495 wand sich verre genuc
di hitze von dannen sluc,
so heiz der oven was gebrant.
als der bischof hete erkant
und er offenlichen sach,
500 wi daz kint gut gemach
hete in der heizen glute,

471 begonden *A.* 494 be sengete *A.*
477 von der e] Von dem *A.* 499 er] er ouch *A.*
484 liez *A.*

202

sin tugentlich gemute
vor vreuden weinte. do sprach er:
»lieber sun, ganc zu mir her,
505 ganc her, du edele kuscheit!
dir sal niman tun ein leit,
din angest si gentzlich hin.«
do sprach daz kint wider in:
»herre, ich wil uch gerne kumen,
510 idoch sult ir baz underdrumen
mine angest zu den vrunden.
ir sult dem vatere kunden
und da bi minen magen,
daz sie mir nicht enlagen,
515 wand ich vor in angest han.
heizet sie von dem ovene gan,
daz ich icht kume in ir hant.
sie sint also gar geblant;
ist daz sie mich begriffen me,
520 sie tun mir vil wirs dan e,
so arc weiz ich iren sin.«
der bischof treib sie alle hin,
als daz iudelin in bat.
daz kint vrolich her zu trat
525 uz der glut, der warmen.
mit vrolichen armen
dructez der bischof an di brust.
nach siner willigen gelust
truc er ez selber schone
530 an der processione.
mit gesange und mit schalle
giengen sie do alle

505 du *f. A.*
506 dhain lait *A.*
509 îv *A.*
510 baz] daz *I.*

517 icht *f. I.*
528 sines *A.*
529 selbe *I.*

zu der kirchen hin dan.
beide wib unde man
535 vreuten sich do sere
dirre grozen ere,
di von gotes mildekeit
was an die cristenen geleit,
daz sie zierte vurbaz.
540 des wart ouch manic ouge naz
von der vreuden ubervlut.
der bischof, der herre gut,
toufte mit sin selbes hant
daz iudel und wart im zuhant
545 nach der cristenheit gebote
ob der toufe ein holder tote
und nam ez in sine hute.   108ra
        Der milde got, der gute,
der iuden vil bekarte,
550 die man toufte und larte
nach des toufes unden,
wi sie von allen sunden
sich solden vurbaz vrien:
Cristum unde Marien
555 solden sie vor ougen haben.
        Alsus hat ir wol entsaben,
wi di iuncvrouwe gut
mit allen truwen helfe tut
dem, der si wol eret
560 und dar an sich keret,
daz er ir dicke und dicke
mit reines herzen blicke
nige und si gruze
mit den worten suze

533 so hin dan *A*.   544 iv̇delin *A*; *Punkt hinter*
539 sie] wol si *A*.   iudel *I*.
543 selbers *A*.

204

565 »Ave Maria, ave!«
ez ge ouch hute swi ez ge:
si tut im ie genade schin.
des si gelobet di kunigin!

PARÄNESE ZUM MARIENGRUSS

Mensche, sich wi ich dir habe   108ra
von der tugentlichen habe
wunders ein teil geseit,
uf daz din edele wisheit
5 des himels kuniginne
lieber me gewinne.
habe si lieb, si ist so gut,
daz si dir ie helfe tut,
da si dir best kumt zu staten.
10 vluch under iren schaten
vor allem sturmwinde!
da ist di luft so linde,
daz er in rechter vriheit
wol ein geruwet herze treit,
15 swer dicke wil bi ir wonen
und uf der edeln harfen donen
»Ave, ave Maria!«
der harfen don get so na
den argen hellehunden,
20 daz sie zu allen stunden
des haben an ir werke bruch.   108rb

<table>
<tr><td>Anhang IA</td><td>12 der luft A.</td></tr>
<tr><td>5 Div h. k. A.</td><td>14 geruwic A.</td></tr>
<tr><td>7 liebe A.</td><td>16 edeler haerpfe A.</td></tr>
<tr><td>9 Daz A.</td><td></td></tr>
</table>

205

»Ave Maria« ist ein spruch,
swer in mit rechtem sinne
vor der kuniginne
25 sprichet an eime gruze
und vellet ir zu vuze,
daz er ie muz genade haben.
ist er in sunden ouch begraben
und wirt der gruz mit andacht
30 der edelen kuniginne bracht,
im wirt genade in der zit,
di im ie ein teil git
der beger hin zu gote.
»Ave Maria« ist ein bote,
35 den di himelvrouwe
mit lieber aneschouwe
deswar harte gerne sicht
und let im da verderben nicht,
swaz er zu rechte werben sal.
40 si sendet uns mit im zu tal
vil tugende sunder wan.
ey mensche, nu sich dar an:
swer dir lieblich niget,
din herze dar an stiget
45 – ob du icht tugende an dir hast –
daz du din nigen wider im last
in vrundes aneschouwe.
so sich an dise vrouwe,
von der di schrift uns tut erkant,
50 daz si ein muter ist genant
der schonen liebe, und da von

23 rainem *A.*
31 In *A.*
35 div himelische vrowe *A.*
37 vollen gerne *A.*

38 lazzet *A.*
42 Eẏa *A.*
46 gegen *A.*
50 ist] si *A.*

ist si von gute wol gewon,
daz si an steter nuwe
in muterlicher truwe
55 den menschen lieb haben muz,
daz ir dicke holden gruz
mit siner venie sendet
und druf sin herze wendet,
wi ez mit allem sinne
60 si luterlich geminne
in einvaldiger gute.
o wol ouch dem gemute,
daz ir mit truwen kan begern
und dem si ist ein morgenstern
65 und dar zu ein abentschin:
swer alsus daz herze sin
abent unde morgen
dar uf let immer sorgen,
wi ez si muge lieb gehaben,
70 – waz da genaden wirt entsaben,
daz weiz der mensche verre baz,
dan ich kunne ergrifen daz
mit minen stumpfen sinnen;
wi im dar enbinnen
75 luchtet der genaden brunst
an der lieben vrouwen gunst,
daz ist in im beslozzen.

108va

52 wol] des *A.*   70 genade *A.*
60 Si luterlichen minne *A.*   72 Danne *A.*
64 ist si *A.*

Berichtigung

Seite 56, Vers 151, lies clageten *statt* claget